▶ Inhalt

▶ Teil 1: Tipps für den Studienanfang

- Wozu braucht man Juristen? — 9
- Welche Bücher soll ich mir anschaffen? — 11
- Lohnt sich der Besuch von Vorlesungen? — 16
- Lohnt sich das Mitschreiben in der Vorlesung? — 18
- Wie lange soll ich täglich lernen? — 18
- Wo soll ich lernen? — 19
- Wie steigere ich mein Lesetempo? — 20
- Wie behalte ich den Stoff sicher? — 24
- Ist eine private Arbeitsgemeinschaft sinnvoll? — 28
- Wie motiviere ich mich? — 29
- Wie verwandle ich Misserfolge in Erfolge? — 33
- Wie gelingt meine Hausarbeit? — 35
- Wie gewinne ich Schlüsselqualifikationen? — 47
- Lohnt sich der Besuch eines Repetitoriums? — 49
- Wie meistere ich das Examen? — 50
- Wie ernähre ich mich optimal? — 58

▶ Teil 2: Top Fundstellen-Tipps — 61

▶ Das ❶ Semester
- BGB Allgemeiner Teil — 63
- Strafrecht Allgemeiner Teil — 67
- Staatsrecht I (Staatsorganisation) — 72

▶ Das ❷ Semester

▸ Schuldrecht Allgemeiner Teil	75
▸ Schuldrecht Besonderer Teil	77
▸ Strafrecht Besonderer Teil	84
▸ Staatsrecht II (Grundrechte)	94

▶ Das ❸ Semester

▸ Sachenrecht	99
▸ Verwaltungsrecht	102

▶ Das ❹ Semester

▸ Familienrecht	106
▸ Handelsrecht	107
▸ Polizei- und Ordnungsrecht	108

▶ Das ❺ Semester

▸ Erbrecht	110
▸ Gesellschaftsrecht	111
▸ Strafprozessordnung (StPO)	112
▸ Baurecht	114
▸ Kommunalrecht	115

▶ Das ❻ Semester

▸ Zivilprozessrecht I – Erkenntnisverfahren	116
▸ Zivilprozessrecht II – Zwangsvollstreckung	117
▸ Arbeitsrecht	118
▸ Wertpapierrecht	120
▸ Staatshaftungsrecht	121
▸ Europarecht	122

▶ Vorwort

Ein Buch wie dieses hätte ich während meines Jurastudiums selbst gerne zur Hand gehabt. Es gab so viele Dinge, die mir unklar waren. Zum Beispiel: Wie motiviere ich mich jeden Tag erneut zum Lernen? Was muss ich für die Uni- und Examensklausuren unbedingt lesen und was kann ich mir sparen? Gibt es Möglichkeiten, das Lesetempo zu steigern? Wie behalte ich den Stoff sicher in meinem Gedächtnis? Und wie läuft eigentlich die Examensprüfung ab?

Das und viel mehr hätte ich mir gerne von einem nicht zu umfangreichen und bezahlbaren Buch beantworten lassen. Hier ist es nun in der mittlerweile **13. Auflage** und wird dir helfen, viele Klippen zu umschiffen. Warum erst Fehler machen, anstatt direkt das zu tun, was man sowieso später getan hätte?

Ich wünsche dir ein abwechslungsreiches, spannendes Studium und ganz viele Punkte – be all, you can be - living your life to the fullest,

Jan Niederle

▶ Unsere 📖 Skripten 📇 Karteikarten 🔊 Hörbücher (CD & MP3)

Zivilrecht

- 📖 Standardfälle für Anfänger (7,90 €)
- 📖 🔊 Standardfälle BGB AT (7,90 €)
- 📖 🔊 Standardfälle Schuldrecht (7,90 €)
- 📖 🔊 Standardfälle Ges. Schuldverh., §§ 677, 812,823
- 📖 🔊 Standardfälle Sachenrecht (9,90 €)
- 📖 🔊 Standardfälle Familien- und Erbrecht (9,90 €)
- 📖 Klausuren Übung für Fortgeschrittene (7,90 €)
- 📖 🔊 Basiswissen BGB (AT) (Frage-Antwort)
- 📖 🔊 Basiswissen SchuldR (AT) 📖 🔊 SchuldR (BT) (7 €)
- 📖 🔊 Basiswissen Sachenrecht, 📖 🔊 FamR, 📖 🔊 ErbR
- 📖 Einführung in das Bürgerliche Recht (7,90 €)
- 📖 Studienbuch BGB (AT) (12 €)
- 📖 Studienbuch Schuldrecht (AT) (12 €)
- 📖 Schuldrecht (BT) 1 - §§ 437, 536, 634, 670 ff. (9,90 €)
- 📖 Schuldrecht (BT) 2 - §§ 812, 823, 765 ff. (9,90 €)
- 📖 SachenR 1 – Bewegl. S., 📖 SachenR 2 – Unb. S. (9,9 €)
- 📖 Familienrecht und 📖 Erbrecht (Einführungen) (9,90 €)
- 📖 Streitfragen Schuldrecht (7,90 €)
- 📖 🔊 Definitionen für die Zivilrechtsklausur (9,90 €)

Strafrecht

- 📖 🔊 Standardfälle für Anfänger Band 1 (9,90 €)
- 📖 Standardfälle für Anfänger Band 2 (7,90 €)
- 📖 Standardfälle für Fortgeschrittene (12 €)
- 📖 🔊 Basiswissen Strafrecht (AT) (Frage-Antwort)
- 📖 🔊 Basiswissen Strafrecht BT 1 und 📖 🔊 BT 2 (7 €)
- 📖 Strafrecht (AT) (7,90 €)
- 📖 Strafrecht (BT) 1 – Vermögensdelikte (9,90 €)
- 📖 Strafrecht (BT) 2 – Nichtvermögensdelikte (9,90 €)
- 📖 🔊 Definitionen für die Strafrechtsklausur (7,90 €)

Irrtümer und Änderungen vorbehalten!

Öffentliches Recht

- 📖 Standardfälle Staatsrecht I – StaatsorgaR (9,90 €)
- 📖 Standardfälle Staatsrecht II – Grundrechte (9,90 €)
- 📖 🔊 Standardfälle f. Anfänger (StaatsorgaR u. GRe) (7,9 €)
- 📖 Standardfälle Verwaltungsrecht (AT) (9,90 €)
- 📖 Standardfälle Polizei- und Ordnungsrecht (9,90 €)
- 📖 Standardfälle Baurecht (9,90 €)
- 📖 Standardfälle Europarecht (9,90 €)
- 📖 Standardfälle Kommunalrecht (9,90 €)
- 📖 🔊 Basiswissen StaatsR I –StaatsorgaR (Fr-Antw.) (7 €)
- 📖 🔊 Basiswissen StaatsR II –GrundR (Frage-Antw.) (7 €)
- 📖 🔊 Basiswissen VerwaltungsR AT– (Frage-Antwort) (7 €)
- 📖 Studienbuch Staatsorganisationsrecht (9,90 €)
- 📖 Studienbuch Grundrechte (9,90 €)
- 📖 Studienbuch Verwaltungsrecht AT (12 €)
- 📖 Studienbuch Europarecht (12,90 €) 🔊 Basiswissen EuR
- 📖 Studienbuch Wirtschaftsvölkerrecht (12,90 €)
- 📖 Staatshaftungsrecht (9,90 €)
- 📖 VerwaltungsR AT 1 – VwVfG u. 📖 AT 2–VwGO (7,90 €)
- 📖 VerwaltungsR BT 1 – POR (9,90 €)
- 📖 VerwaltungsR BT 2 – BauR 📖 BT 3 – UmweltR (9,90 €)
- 📖 🔊 Definitionen Öffentliches Recht (9,90 €)

Steuerrecht

- 📖 Abgabenordnung (AO) (9,90 €)
- 📖 Erbschaftsteuerrecht (9,90 €)
- 📖 Steuerstrafrecht/Verfahren/Steuerhaftung (7,90 €)

Sozialrecht

- 📖 Kinder- und Jugendhilferecht (7,90 €)
- 📖 Sozialrecht (9,90 €)

Nebengebiete

- 📖 🔊 Standardfälle Handels- & GesR (9,90 €)
- 📖 🔊 Standardfälle Arbeitsrecht (9,90 €)
- 📖 Standardfälle ZPO (9,90 €)
- 📖 🔊 Basiswissen HandelsR (Frage-Antwort) (7,9 €)
- 📖 🔊 Basiswissen Gesellschaftsrecht (7,90 €)
- 📖 🔊 Basiswissen ZPO (Frage-Antwort) (7,90 €)
- 📖 🔊 Basiswissen StPO (Frage-Antwort) (7,90 €)
- 📖 Handelsrecht (9,90 €)
- 📖 Gesellschaftsrecht (9,90 €)
- 📖 Arbeitsrecht (9,90 €)
- 📖 Kollektives Arbeitsrecht (9,90 €)
- 📖 ZPO I – Erkenntnisverfahren (9,90 €)
- 📖 ZPO II – Zwangsvollstreckung (9,90 €)
- 📖 Strafprozessordnung – StPO (9,90 €)
- 📖 Einf. Internationales Privatrecht - IPR (9,90 €)
- 📖 Standardfälle IPR (9,90 €)
- 📖 Insolvenzrecht (9,90 €)
- 📖 Gewerbl. Rechtsschutz/Urheberrecht (9,90 €)
- 📖 Wettbewerbsrecht (9,90 €)
- 📖 Ratgeber 500 Spezial-Tipps für Juristen (12 €)
- 📖 Mediation (7,90 €)
- 📖 Sportrecht (9,90 €)

Karteikarten (je 9,90 €)

- 📇 Zivilrecht: BGB AT/SchuldR/Grundlagen/Schemata
- 📇 Strafrecht: AT/BT-1/BT-2/Streitfragen
- 📇 Öff. R.: StaatsorgaR/GrundR/VerwR/Schemata

Assessorexamen

- 📖 Der Aktenvortrag im Strafrecht (7,90 €)
- 📖 Der Aktenvortrag im Zivilrecht (7,90 €)
- 📖 Der Aktenvortrag im Öffentlichen Recht (7,90 €)
- 📖 Staatsanwalt. Sitzungsdienst & Plädoyer (9,90 €)
- 📖 Die strafrechtliche Assessorklausur (7,90 €)
- 📖 Die Assessorklausur VerwR Bd. 1 (7,90 €)
- 📖 Die Assessorklausur VerwR Bd. 2 (7,90 €)
- 📖 Vertragsgestaltung in der Anwaltsstation (7 €)

Irrtümer und Änderungen vorbehalten!

BWL

- 📖 Einführung i. die Betriebswirtschaftslehre (7,90 €)
- 📖 Organisationsgestaltung & -entwickl. (7,90 €)
- 📖 Fallstudien Organisationsgestaltung & -entwickl.
- 📖 Internationales Management (7 €)
- 📖 Wie gelingt meine wiss. Abschlussarbeit? (7 €)
- 📖 Medienwirtschaft für Mediengestalter (14,90 €)

Irrtümer und Änderungen vorbehalten!

Schemata

- 📖 Die wichtigsten Schemata-ZivR,StrafR,ÖR (14,90)
- 📖 Die wichtigsten Schemata–Nebengebiete (9,90 €)

🔊 bedeutet: auch als **Hörbuch** (CD oder MP3-Download) lieferbar!

Bei **niederle-media.de** bestellte Artikel treffen idR *nach 1-2 Werktagen* ein!

▶ So urteilen die Leser

„Zuerst einmal Gratulation zu Ihrem Werk. Es hat mir in meinen ersten beiden Semestern an der Uni München sehr geholfen (Zivilrechtshausarbeit 15 Punkte, Öffentliches Recht 13 Punkte) und wird dies auch weiter noch tun..."

Daniel, stud. iur., Universität München

„Die Vielfalt und der Umfang der fast unübersehbaren juristischen Studienliteratur kann Studienanfängern Angst machen. Es gilt aber, vom ersten Semester an selbstständig, sachgerecht und zielgerichtet zu arbeiten; sich mit einem in Aussicht genommenen späteren Besuch eines Repetitoriums zu trösten, führt in die Irre. Da macht das vorliegende, preiswerte, forsch und unprätentiös geschriebene Büchlein unsicheren Studenten Mut."

Professor Günter Solbach ✝
Leitender Oberstaatsanwalt a.D., Aachen

„Ihr Büchlein ist meiner Meinung nach eine gelungene und überdies amüsant geschriebene Hilfestellung".

Professorin Dr. Ursula Nelles
Rektorin der Universität Münster

„Sind Repetitorien bald überflüssig? Könnte sein, denn jetzt kann sich jeder examensrelevante Standard-Probleme und Übungsklausuren selbst besorgen. Gerade ist das Skript *500 Spezial-Tipps für Juristen* erschienen...."

UNICUM-Magazin, Ausgabe Januar 2000

„Ich hatte mir das Buch eigentlich nur wegen der Fundstellen gekauft, habe mir dann aber natürlich auch den Text-Teil durchgelesen. Ich muss sagen, dass du mir bei einigen Sachen eine ganz andere Denkweise vermittelt hast, und das, obwohl ich im Studium schon ziemlich weit fortgeschritten bin. Ich hätte mich sehr über ein solches Buch zu Beginn meines Studiums gefreut, bin aber nicht fündig geworden. Umso mehr freue ich mich über dein geniales Werk. An meiner Person habe ich gemerkt, dass dieses Buch jedem Studenten nutzen kann, sowohl Anfängern als auch Fortgeschrittenen."

Matthias, cand. iur., Universität Münster

„Ich begrüße es insbesondere, dass Sie versuchen, die Variationsbreite von Verhaltensmöglichkeiten deutlich zu machen und auf diese Weise Psychosen zu begegnen, denen im Vorfeld des Examens so viele Kandidatinnen und Kandidaten anheimfallen."

Prof. Dr. Hans-Uwe Erichsen
Universität Münster

▶ Teil 1: Tipps für den Studienalltag

▸ Wozu braucht man Juristen?

„Da habe ich mir ein *Spezial-Buch* über das Jurastudium gekauft und es geht gleich mit einer total bescheuerten Frage los", wirst du dir jetzt vielleicht denken. Auf den ersten Blick erscheint es tatsächlich seltsam, sich über die Frage, wozu man Juristen braucht, Gedanken zu machen. Du darfst aber gespannt sein, welche Bedeutung sie für die weiteren Überlegungen haben wird.

Werfen wir nun zum besseren Verständnis einen Blick in die Kanzlei von Rechtsanwalt Liebling (L) aus Berlin. L isst gerade genüsslich seinen obligatorischen Wackelpudding, als ein hagerer Mann mit vernarbtem Gesicht das Büro betritt. "Ob der sich einen Anwalt wie mich überhaupt leisten kann?", denkt L im ersten Augenblick. Dann aber erkennt er, dass es sich bei dem Mandanten um den bekannten amerikanischen Radprofi Glenn Buterol vom „Team EpoCom" handelt und verzichtet auf die Vorlage der „Advocard". Buterol nimmt Platz und berichtet:

„Vor einem halben Jahr wurde mir mein pinkfarbenes Golf-Cabrio, ein Geschenk meines Sponsors, gestohlen. Gestern sah ich den Wagen vor dem Hotel Adlon stehen. Im Fahrzeug saß die Kosmetik-Vertreterin Lore´ All. Der herbeigerufenen Polizei gegenüber konnte sie nachweisen, dass sie das Cabrio für 30.000 Euro von einem Herrn Helmut Hehler gekauft hatte. Sie habe nicht gewusst, dass der Wagen geklaut sei. Ihre Fahrzeugpapiere sahen echt aus, waren aber natürlich gefälscht. Zuerst bat ich Frau All höflich, doch bitte aus meinem Wagen zu steigen und ihn mir zu überlassen. Frau All entgegnete: „Nur über meine Leiche. Der Wagen bleibt bei mir!". Deshalb zog ich an ihren Haaren, um sie vom Sitz herunter zu zerren. Daraufhin schlug sie wild um sich und zerkratzte mir mit ihren rotlackierten Fingernägeln mein Gesicht. Ich bin wirklich am Ende. Bitte sorgen *Sie* dafür, dass ich meinen Wagen wiederkriege."

10

Ein Königreich für einen Anspruch...

Nachdem Rechtsanwalt L aufmerksam zugehört hat, überlegt er, wie er den Fall lösen soll. Zwei Möglichkeiten kommen in Betracht: Entweder rät er dem Mandanten, vor Gericht Klage auf Herausgabe des PKWs zu erheben; oder er rät ihm, mangels Erfolgsaussichten nicht weiter gegen Frau All vorzugehen.

Um festzustellen, welche dieser beiden Möglichkeiten er wählen soll, blättert L im *Gesetz* und sieht nach, ob er dort eine *Anspruchsgrundlage* findet, die dem Mandanten einen *Anspruch* auf Herausgabe des Cabrios gewährt. So wie L verfahren alle Juristen, wenn sie einen Fall lösen: sie sehen nach, was das *Gesetz* vorschreibt. Damit wird deutlich, wozu man Juristen braucht:

Juristen sind dazu da, um mit Hilfe des Gesetzes Fälle zu lösen.

Diese Feststellung mag auf den ersten Blick trivial erscheinen. Unterhält man sich aber mit Prüfern, so hört man immer wieder, dass viele Studenten selbst im Examen nicht in der Lage sind, einfache Fälle durch Arbeit mit dem Gesetz zu lösen. Manche verlassen sich zu sehr auf das, was sie auswendig gelernt haben und geraten in Panik, wenn sie vor einem Problem stehen, dessen Lösung sie nicht bereits kennen. Und gerade das wird im Examen verlangt: die Arbeit mit dem Gesetz.

Was wird Rechtsanwalt L dem B raten? Wie wird der Fall ausgehen? Wird B sein pinkfarbenes Cabrio wiederkriegen? Das alles erfährst du auf Seite 40 ff. An dieser Stelle unterbrechen wir das Programm und machen erst 'mal ein bisschen Werbung für das Thema „Mediation". Aber nicht abschalten, nach der Werbung geht's weiter.....

Es geht auch ohne Richter....

Es ist ziemlich wahrscheinlich, dass Rechtsanwalt L vor Gericht Klage erheben wird, damit B sein Cabrio zurückkriegt. Man kann bestimmte Fälle aber auch ganz ohne das Gericht lösen, nämlich durch ein Mediationsverfahren. Hierbei unterstützt ein neutraler Vermittler, der Mediator, die Parteien dabei, eine einvernehmliche Lösung zu finden. Der Mediator erreicht dies, indem er fragt, *warum* sich jemand in einer bestimmten Weise verhält, welche *Interessen* der

Betreffende damit verfolgt. In unserem Cabrio-Fall könnte es beispielsweise sein, dass Frau All zwar grundsätzlich bereit ist, dem B das Cabrio zurückzugeben, es im Augenblick aber dringend für ihren reiseintensiven Beruf als Kosmetikvertreterin benötigt.

Vor etwa 20 Jahren ist die Mediationsbewegung aus den USA zu uns herübergeschwappt und soll nach Expertenmeinung der Mega-Trend der nächsten Jahre werden. Wenn Ehepaare sich scheiden lassen, Familienmitglieder ums Erbe streiten, Nachbarn sich gegenseitig die Hölle heiß machen oder ein Mitarbeiter in einer Firma laufend gemobbt wird, dann werden in Zukunft verstärkt Mediatoren zu Rate gezogen. Das *kann* eine anspruchsvolle Nebentätigkeit für Juristen sein.

Damit du dich eingehender mit diesem Thema beschäftigen kannst, hier ein paar Literaturtipps:

📖 Beitrag von *Eisele* in der Zeitschrift **Jura** 2003, Seite 656

📖 Beitrag von Herzog/Hennig, **Jura** 2011, Seite 929

📖 Fallstudie in **Jura** 2008, 175

Seit einer Gesetzesänderung im Jahre 2002 gehört das Thema „Mediation" zum Inhalt des rechtswissenschaftlichen Studiums. Grundlegende Kenntnisse auf diesem Gebiet sind daher sinnvoll und können dir zudem dabei helfen, deine persönliche Berufsperspektive zu entwickeln!

▶ Welche Bücher soll ich mir anschaffen?

Ohne Bücher geht's nicht...
„Muss ich mir über meine Buchauswahl wirklich Gedanken machen? Der Professor sagt uns doch, welche Bücher empfehlenswert sind!" Ein Satz, den man in den Anfangssemestern immer wieder hört. Später dann das große Gejammer: „Hätte ich mir doch schon früher Gedanken über meine Bücher gemacht. Ich hätte Zeit und Geld gespart!" Clevere Leute verschaffen sich deshalb rechtzeitig in einer Buchhandlung einen Überblick über das Angebot. Damit deutlich wird, worauf du bei der Buchauswahl achten solltest, erzähle ich dir die traurige Geschichte vom fleißigen Kochlehrling und schalte danach zu unserem Sonderkorre-

spondenten Ulrich Spickert zur Live-Berichterstattung über den Jurastudenten Günter Ganzgenau.

Es war einmal……

…ein fleißiger Kochlehrling. Immer, wenn er frei hatte, saß er über seinen Büchern und büffelte. Auf Anraten seines Chefs, einem wissenschaftlich interessierten Koch, las er überwiegend Bücher über den Vitamin-, Kalorien- und Mineralstoffgehalt von Obst, Gemüse, Fisch usw. Nach 3 Jahren kam der große Tag: die Abschlussprüfung. Der prüfende Koch bat den Kochlehrling, ein 4-gängiges Menü zu kochen. Jetzt erst bemerkte der Kochlehrling, dass seine Vitamin, Kalorien- und Mineralstoffkenntnisse allein nicht ausreichten. Es war einfach schrecklich, er wusste nicht, wie er die Zutaten *kombinieren* sollte, bekam das Menü nicht zustande und bestand die Prüfung nicht. Eine traurige Geschichte, oder?

Von einem Kochlehrling wird natürlich erwartet, dass er am Ende seiner Ausbildung kochen kann. Ein Jurist soll im Examen zeigen, dass er einen Fall mit Hilfe des Gesetzes lösen kann. Wozu braucht man schließlich Juristen??? Mit Standard-Lehrbüchern, wie sie an der Uni häufig empfohlen werden, ist es aber wie mit den Büchern über den Vitamin- und Kaloriengehalt: Du erwirbst zwar Detailkenntnisse, aber das Eigentliche, nämlich das „Kochen" lernst du damit nicht. Es ist deshalb wichtig, dass du dir auch *fallorientierte* Bücher anschaffst, insbesondere Fallsammlungen wie zum Beispiel die *Standardfälle,* mit deren Hilfe du lernst, Fälle systematisch Schritt für Schritt zu lösen. Hilfreich sind außerdem *Schemata.* Sie vermitteln dir einen schnellen Überblick über die *Struktur* eines Rechtsgebiets.

Wie angekündigt, schalte ich jetzt zu unserem Sonderkorrespondenten Ulrich Spickert. Er befindet sich gerade in der Buchhandlung „Müller ohne Sohn" in Münster und wird jetzt live über den Jurastudenten Günter Ganzgenau berichten. „Herr Spickert, hören Sie mich?"

„Ja, Herr Niederle, ich höre Sie. Guten Tag meine Damen und Herren! Ich befinde mich jetzt gerade in der ersten Etage der Buchhandlung, rings um mich herum nur Bücher, Bücher, Bücher....Gerade eben konnte ich beobachten, wie Günter Ganzgenau wieder einmal ein 700-seitiges Lehrbuch zur Kasse geschleppt, seine Geldbörse gezückt und das gute Stück bezahlt hat. Offenbar will er sich damit auf die nächste Übung vorbereiten, die ja in 2 Wochen ansteht. Die Verkäuferin hat sich überhaupt nicht mehr gewundert, weil Günter Ganzgenau wohl eine Vorliebe für umfang- und detailreiche Bücher hat und hier als Stammkunde regelmäßig „dicke Wälzer" kauft.

Die Buchhandlung „Müller ohne Sohn" soll – so habe ich heute Morgen gehört – nach dem Wegfall des Rabattgesetzes sogar bereits erwogen haben, speziell für ihren besten Kunden ein neues Rabatt-System einzuführen. Dieses revolutionäre System sieht vor, dass pro 10 Kilo gekaufter Bücher 1 % des Warenwertes auf der Bonuskarte gutgeschrieben wird und könnte für Günter Ganzgenau ein erhebliches Einsparpotential bedeuten. Denn sobald Günter Ganzgenau 10 % auf der Bonuskarte gesammelt hat, kann er diese einlösen und von dem fantastischen Bonussystem in voller Höhe profitieren.

Ja, meine Damen und Herren, wer mitrechnet erkennt sofort, dass Günter Ganzgenau gerade einmal *100 Kilo Bücher* kaufen muss, um alle Vorteile der neuen Bonuskarte nutzen zu können. Eine derartige Kleinmenge wird für Günter Ganzgenau sicher kein Problem darstellen. Die Marketingabteilung von „Müller ohne Sohn" hat bereits ausgerechnet, dass ihr bester Kunde diese Grenze bereits nach 2-3 Monaten überschreiten wird.

Von einem Kommilitonen habe ich allerdings gestern erfahren, dass es Günter Ganzgenau irgendwie schwer fallen soll, seine Bücher bis zur letzten Seite durchzulesen und die vielen Einzelheiten zu behalten. Sein Examen soll sich dadurch etwas verzögert haben.

Seine Mutter ist in der ganzen Sache angeblich etwas gespalten. Wenn sie das Mittagessen kocht und „ihren Jungen" am Küchentisch hinter seinen dicken Büchern „büffeln" sieht, tätschelt sie ihm manchmal zärtlich über den Kopf und sagt: „Aus dir wird bestimmt mal ein berühmter Professor, mein Junge!". Andererseits macht sie sich mittlerweile schon ein bisschen Sorgen um „ihren Jungen", da sich sein Examen wie gesagt leicht verzögert hat.

14

Zwar ist diese Verzögerung, wie ihr Günter versichert hat, ganz geringfügig. Trotzdem hat Günter seiner Mama fest versprechen müssen, sich spätestens am Ende des kommenden - seinem *18. Semester* – endlich zum Examen zu melden. Soweit der aktuelle Stand, ich gebe zurück ins Studio...........". Vielen Dank, Ulrich Spickert!

Tja, was soll man dazu nur sagen? Im Zweifel nutzt es wohl wenig, sich enthusiastisch mit dicken Lehrbüchern einzudecken, die man hinterher gar nicht durchliest. Besser ist es, sich anfangs für ein weniger umfangreiches Buch oder Skript zu entscheiden, um sich erst einmal die *Grundlagen* anzueignen.

Außerdem kannst du dir mit Hilfe der Grundfälle und Klausuren aus den Ausbildungszeitschriften JA, JuS, Jura, die in **Teil 2** (Seite 63 ff.) aufgelistet und in jeder Uni-Bibliothek *kostenlos* verfügbar sind, schnell die Grundlagen eines Rechtsgebiets aneignen. Diese jährlich aktualisierte Liste deckt quasi den Standard-Stoff des *gesamten* Jurastudiums ab und ist wegen ihres großen Nutzens für Klausuren und Hausarbeiten mit einer der Gründe dafür, dass „500 Spezial-Tipps für Juristen" heute bundesweit einer der meistverkauften juristischen Studienratgeber ist!

Viele Standard-Lehrbücher stehen nach Beendigung des jeweiligen Semesters nutzlos im Regal herum und haben manchmal nur noch den Zweck, die Sonntags herannahende Verwandtschaft zu entzücken und zu Begeisterungsstürmen hinzureißen: „.....und das hast du alles gelesen? Wahnsinn!...", hallt es dann aus der Studenten-Bude. Wer auf diesen altbewährten Effekt nicht angewiesen ist, weil er ganz andere Möglichkeiten hat, die liebe Verwandtschaft zu beeindrucken (z.B. durch einen rattenscharfen Piercing-Stecker am Bauchnabel, ein supercooles Armreif-Tatoo oder nagelneue „Buffalo"-Stiefel), der sollte sich ansehen, welche dieser Bücher er kostenlos in der Uni-Bibliothek *ausleihen* kann.

Überhaupt rate ich dringend dazu, sich ein Buch, das man zu kaufen beabsichtigt, erst einmal kostenlos in der Unibibliothek auszuleihen oder (bei nicht ausleihbaren Büchern) einige Tage damit in der Bibliothek zu arbeiten. Denn nicht Jede(r) kommt mit jedem Buch gleich gut klar.

Zum *Allgemeinen Teil des BGB* könntest du z.b. den „Brox/ Walker" und den „Medicus/Petersen" miteinander vergleichen. Zum *Staatsorganisations-Recht* sind dies z.b. „Degenhart" und „Maurer". Zum *Strafrecht Allgemeiner Teil* ist gängig z.b. „Wessels/Beulke/Satzger". Weitere Empfehlungen erhältst du zu Beginn der jeweiligen Vorlesung von deinem Professor.

Falls du diese oder andere Bücher in der (riesigen) Bibliothek nicht gleich findest, einfach nachfragen. Deine Kommilitonen und das Bibliothekspersonal beißen schließlich nicht! Dass die Unibibliotheken wegen Geldnot oft nur ältere Auflagen vorhalten, schadet bei Anfängern nicht, da sich das für Anfänger notwendige Basiswissen normalerweise kaum ändert.

Die *Masterfrage* bei der Buchauswahl lautet: Welche Darstellung ist für mich am verständlichsten? Bei welchem Buch bleibt am meisten „hängen"? Da niemand Zeit hat, zum gleichen Rechtsgebiet mehrere verschiedene Bücher komplett durchzuarbeiten, sollte man sich nach einigen Tagen für das eine oder andere Buch bzw. Skript entscheiden.

Der Zahn der Zeit...
Da *Gesetzestexte* schnell veralten, empfehle ich, mit dem Kauf zu warten, bis man sie wirklich braucht. Der rote „Schönfelder", das Statussymbol der Juristen sowie derer, die es werden wollen, enthält z.B. viele Gesetze, die du in den ersten Semestern noch nicht verwenden kannst. Bist du dann fortgeschritten und dringst langsam in die Tiefen des deutschen Rechts vor, haben die gesetzgebungswütigen Volksvertreter die Texte längst mehrfach abgeändert. Vernünftig ist es deshalb, sich am Anfang dtv-Text-Taschenbücher oder die Nomos-Texte anzuschaffen.

▶ **Lohnt sich der Besuch von Vorlesungen?**

Mach' den Prof-Test...

Die *Stiftung Prof-Test* untersuchte 40 Universitäten in Deutschland und machte dabei viele unterschiedliche Dozententypen aus. Hier sind ein paar davon:

1. Der Notar

Das Leben ist für ihn eine todernste Angelegenheit. Mit steifer, monotoner Stimme liest er von seinem Blatt ab, damit ihm ja kein Fehler unterläuft.

Urteil der Stiftung Prof-Test: Unbedingt Luftmatratze und Kopfkissen mit in die Vorlesung nehmen, dann ist der Schlaf nicht so hart!

2. Der Lebenskünstler

Das krasse Gegenstück des Notars. Er freut sich des Lebens, ist spontan und lustig.....aber leider oft unvorbereitet und ohne Konzept.

Urteil der Stiftung Prof-Test: Kann bei Depressionen Heilwirkung entfalten und zwar garantiert ohne Nebenwirkungen. Weitere Anwendungsgebiete sind bislang noch nicht bekannt geworden.

3. Der Unvollendete

Verheddert sich gerne in Details und schafft es irgendwie nie, den Stoff bis zum Ende zu bringen. Hinkt deshalb bereits nach kurzer Zeit gewaltig dem Zeitplan hinterher.

Urteil der Stiftung Prof-Test: Für Leute, die ihr Studium irgendwann beenden wollen, nicht besonders empfehlenswert.

4. Der Selbstdarsteller

Eine spezielle Form des Unvollendeten. Beglückt seine Studenten ständig mit Geschichten und Anekdoten aus seinem eigenen Leben und dem seiner Familie. Kommt deshalb nie zu Potte.

Urteil der Stiftung Prof-Test: Wer sich für Geschichten aus dem Leben interessiert, ist mit „Gute Zeiten, schlechte Zeiten" oder der „Lindenstraße" besser bedient.

5. Der Vollblut-Wissenschaftler

Seine Vorlesungen sind wissenschaftliche Glanzleistungen. Einziger Schönheitsfehler: die meisten Studenten verstehen sie nicht.

Urteil der Stiftung Prof-Test: Nur denjenigen Studentinnen und Studenten zu empfehlen, die mit fünf Jahren bereits lesen und schreiben konnten und mit 16 Abitur gemacht haben.

Eine gute Vorlesung erkennst du daran, dass du auch nach einer halben Stunde noch gerne zuhörst ohne innerlich abzuschalten. Am nächsten Tag solltest du dich wenigstens noch grob an den Inhalt der Vorlesung erinnern können. Wenn du das Gefühl hast, dass dir eine Vorlesung nichts bringt, kannst du besser mit einem Freund bzw. einer Freundin Kaffee trinken gehen. Die Hauptarbeit musst du sowieso später an deinem Schreibtisch leisten.

Und was ist mit Grundlagenfächern?

Grundlagenfächer werden im Examen nur sehr selten abgefragt. Falls in deiner mündlichen Examensprüfung ausnahmsweise jemand prüfen sollte, der ein Faible für Rechtsgeschichte oder andere abgefahrene Sachen hat, erfährst du das spätestens aus den Prüfungsprotokollen. Die kannst du dir nämlich zwei Wochen vor dem Examenstermin bei der Fachschaft Jura ausleihen. Du kannst dich dann immer noch - vor allen Dingen sehr gezielt – vorbereiten.

Ökonomisch denkende Studenten besuchen die Vorlesungen in den Grundlagenfächern nur ein paar Mal, um sich darüber klar zu werden, in welchem dieser Fächer sie ihre(n) Grundlagenschein(e) machen möchten.

Entscheidend ist dabei
- welches Fach am meisten interessiert
- welchen Leistungsnachweis (Klausur, Hausarbeit, Seminar) man erbringen möchte.

Wer die Vorlesung in *Rechts- und Verfassungsgeschichte* geschwänzt und deshalb jetzt ein schlechtes Gewissen und schlaflose Nächte hat, muss nicht verzweifeln: 📖 *Prange*, **JA** 1995, Seite 47 und *Burow*, **JA** 1993, Seite Ü 207 (gelbe Seiten) vermitteln dir ganz fix die Grundlagen!

 Grundlagenfächer können zwar sehr interessant sein. Den Grossteil seiner Energie benötigt man aber für die Hauptfächer. Deshalb bei Grundlagenfächern auf Sparflamme fahren!

▶ Lohnt sich das Mitschreiben in der Vorlesung?

Zunächst: Was willst du eigentlich mit deinen Notizen anstellen? Manche wollen sich später anhand ihrer Notizen auf die Übungen und das Examen vorbereiten. Sie schreiben den ganzen Vortrag fast wörtlich mit und werden dadurch so abgelenkt, dass sie von der Vorlesung fast nichts nachvollziehen und verstehen können. Am Ende ihres Studiums ist ihr Regal gefüllt mit schmucken Aktenordnern, in die sie tatsächlich nie hineingeschaut haben. Warum auch? Schließlich ist es doch viel bequemer, das betreffende Thema in einem grafisch gut aufbereiteten Buch oder Skript nachzulesen, als sich Monate oder Jahre später durch die eigenen früheren Aufzeichnungen hindurchzuquälen.

 Notizen in der Vorlesung sollen dir nur dabei helfen, nachzuvollziehen, was der Prof. alles behandelt hat. Es handelt sich um Stichworte, die festhalten, was du zu Hause alles nacharbeiten musst. Wer noch am gleichen Tag nacharbeitet, wird auch in der Lage sein, sich an die meisten Einzelheiten der Vorlesung zu erinnern!

▶ Wie lange soll ich täglich lernen?

Klar, man kann sich 7 Stunden lang am Stück hinsetzen und lernen. Ein bekannter Politiker soll allerdings 'mal gesagt haben, entscheidend sei, was *hinten* 'rauskomme. Und da nach wenigen Stunden erfahrungsgemäß die Konzentration stark nachlässt und dann das Tagträumen beginnt, ist das meist nicht so furchtbar viel. Angenehmer ist es sicher, wenn man sich 3 Stunden intensiv auf den Stoff konzentriert und die restlichen 4 Stunden für Sport, Freizeit etc. verwendet. 3-4 Stunden am Schreibtisch pro Tag sind optimal. Ein größeres Lernpensum lässt sich bis zum Examen ohnehin nicht konstant durchhalten. Erst 12-14 Wochen vor dem Examen schraubt man dann die Lerndauer auf 6-7 Stunden.

2-3 Stunden sollte man immer in die Zeit mit der besten Aufnahmefähigkeit legen. Bei vielen Menschen ist dieser Zeitpunkt vormittags von 9-12 Uhr, weil die sogenannte Biokurve des Menschen ab 7 Uhr langsam ansteigt und gegen 10 Uhr ihren Höhepunkt erreicht. Was du zu dieser Zeit lernst, bleibt deshalb besser und dauerhafter in deinem Gedächtnis haften. Wann du am aufnahmefähigsten bist, musst du selbst herausfinden. Die Zeit unmittelbar nach dem Essen ist generell ungünstig, weil die Verdauung viel Energie benötigt.

Wer viel schaffen will, sollte außerdem daran denken, *Pausen* einzulegen. Regelmäßige Pausen erhöhen die Leistungsfähigkeit. Dabei muss eine Pause nicht lang sein. Nach ca. 45 Minuten eine 5-6 minütige Pause einzulegen, den Raum zu wechseln, an die frische Luft zu gehen und kurz abzuschalten, macht dich wieder fit für Brox, Medicus & Co.

▶ Wo soll ich lernen?

Wie so oft im Leben, hast du auch hier die Qual der Wahl: Du kannst es dir zu Hause in deinen eigenen vier Wänden gemütlich machen oder dich in die Bibliothek zu deinen Kommilitoninnen und Kommilitonen setzen. Beide Lernplätze haben Vor- und Nachteile. Zu Hause im eigenen Zimmer fällt vielen nach kurzer Zeit die Decke auf den Kopf und sie beginnen, Staub zu saugen, abzuspülen oder fernzusehen. Und dann ruft auch noch ein Freund an und fragt, ob man nicht gemeinsam Squash spielen könne... Lerneffekt summasummarum: gleich null! Nichtsahnend setzen sich diese Studenten dann in die Bibliothek, ohne zu wissen, dass es auch hier gefährliche Tücken gibt. Jungs werden jetzt plötzlich in den Bann von aufregenden 90-60-90-Konturen gezogen, Mädels durch knackige Levis-501-Ausbeulungen von ihrem „Brox" abgelenkt.

Fazit: Einen „richtigen" oder „falschen" Ort zum Lernen gibt es nicht. Jede(r) sollte selbst ausprobieren, wo es am besten klappt. Da man für jeden neuen Ort 1-2 Monate Gewöhnung benötigt, sollte man den Platz, wo es gut läuft, dauerhaft beibehalten.

 ▶ **Wie steigere ich mein Lesetempo?**

Meine eigene Lesegeschichte...
Etwa ein Jahr vor dem ersten Staatsexamen stellte ich fest, dass mein Lesetempo, gemessen an der Stoffmenge, die ich bewältigen musste, ausgesprochen langsam war. Spaß am Lesen juristischer Literatur hatte ich nie. Mit viel Disziplin quälte ich mich von der ersten bis zur letzten Seite. Und wenn ich bis zur letzten Seite gekommen war, war ich jedes Mal richtig erleichtert. Mit dieser Methode konnte und wollte ich mich nicht auf das Examen vorbereiten.

Deshalb beschäftigte ich mich mit effizienten Lesetechniken. Mit großem Erfolg. Kurze Zeit später fiel es mir ausgesprochen leicht, Bücher und Skripten zu lesen, die relevanten Informationen herauszufiltern und zu behalten. Ja, es machte mir richtig Spaß, im Turbo-Tempo ein Buch nach dem anderen abzuarbeiten. Mich interessierte nun, ob ich mit dieser Technik in der Lage sein würde, die Freischussregelung - Examen nach 8 Semestern - zu unterbieten. Deshalb entschied ich mich, mein Examen bereits nach 7 Semestern zu absolvieren. „Wie willst du das schaffen?", fragten einige meiner Kommilitoninnen und Kommilitonen ungläubig und waren ziemlich erstaunt, als ich zu Beginn des 9. Semesters ein vorzeigbares Examen in der Tasche hatte.....Wahrscheinlich bist du jetzt neugierig, wie diese Wundertechnik, mit der man anscheinend „mal eben so" Examen machen kann, funktioniert. Also, sie besteht aus mehreren Schritten:

1. Die Absicht

Ohne Absicht läuft gar nichts. "Mal eben so" Examen machen klappt nicht. Du musst es wirklich wollen. Frage dich deshalb vor jedem Lesen:
- Wozu brauche ich dieses Buch?
- Welchen langfristigen Wert hat es für mich?
- Was gewinne ich durch das Lesen?

Mögliche Antworten: „Ich brauche dieses Buch, um die nächste Übungsklausur zu bewältigen" (Nahziel). Oder: „Ich möchte lernen, wie man eine „Anfechtung" durchprüft" (Nahziel). Oder: „Das Wissen, das ich mir mit diesem Buch aneigne, benötige ich nächstes

Jahr für meine Examensklausuren" (Fernziel). Oder: „Für meine angestrebte Tätigkeit als Anwalt muss ich im Kaufrecht unbedingt fit sein" (Fernziel).

2. Die Übersicht

Im zweiten Schritt blättert man das *ganze* Buch einmal durch und verschafft sich eine Übersicht über

- das Inhaltsverzeichnis
- Kapitelüberschriften
- Fett- oder kursivgedrucktes
- Schaubilder und Abbildungen.

Wer ein Buch direkt konzentriert von der ersten bis zur letzten Seite liest, handelt ungefähr so, als würde er in einen Supermarkt gehen, um einen Apfel zu kaufen und jeden einzelnen Artikel vom Regal nehmen, bis er schließlich einen Apfel gefunden hat. Wer den Apfel schnell finden will, muss sich vorher überlegen, in *welchem* Teil des Supermarkts er wohl zu finden ist. Durch die Übersicht entdecke ich, wo ich das finde, was mich interessiert.

Außerdem nimmt man bei der Übersicht viele Informationen *unbewusst* auf. „O Gott", wirst du vielleicht denken, „jetzt kommt der mit dem Unbewussten. Das ist bestimmt so ein Freudscher Quacksalber-Hokuspokus, der nicht funktioniert". Warum, muss man sich fragen, investieren Firmen dann z.B. jährlich Millionen in die Bandenwerbung der Fußballfelder und in die Werbung auf den Formel-1-Autos? Ganz einfach, weil sie hoffen, dass sich ihr Firmenlogo unbewusst bei den Zuschauern einprägt! Kein Zuschauer sieht sich ein Fußballspiel oder Formel-1-Rennen an, um sich an der Werbung zu erfreuen. Geht er aber später in ein Geschäft und sieht das Firmenlogo, kommt es ihm, ohne dass er sagen kann warum, „irgendwie" bekannt vor. Diesen Effekt kann man sich auch bei der Übersicht zunutze machen.

3. Das Überfliegen

Im dritten Schritt überfliegt man das betreffende Buch oder Kapitel einmal, indem man seine Augen schnell von oben nach unten über die Mitte der entsprechenden Seiten gleiten lässt. An Stellen des Textes, die dir besonders wichtig erscheinen, tauchst du etwas tiefer in den Text ein und liest einige Sätze. Geschwindigkeit hat Vorrang vor Verständnis.

22

Bei diesem Schritt geht es vor allem darum, die *Struktur* des Textes zu erfassen und zu erkunden, wie die einzelnen Teile zusammenhängen. Bemühe dich darum, dir in Schritt 2 und 3 die Bedeutung des gedruckten Wortes als direkte Reaktion auf das Sehen zugänglich zu machen. Menschen, die beim Lesen *subvokalisieren*, das heißt das gedruckte Wort visuell aufnehmen, es sich intern *vorsprechen* und erst dann verstehen, was das Gelesene bedeutet, benötigen viel mehr Zeit.

4. Das Detail-Lesen

Erst im vierten Schritt kümmerst du dich um Details. Du liest nun die Details, die dir interessant und bedeutsam erscheinen. Dabei ist zu berücksichtigen, dass sich Wichtiges meist am Ende eines Kapitels oder Abschnitts, z.B. in dessen *Zusammenfassung* befindet. Hier ist eine kurze Zusammenfassung dieses Abschnitts:

1. Die Absicht
2. Die Übersicht
3. Das Überfliegen
4. Das Detail-Lesen

Und wozu das alles?
Der Sinn und Zweck dieser Lesemethode besteht darin, dass du in die Lage versetzt wirst, die für dich relevanten Informationen herauszufiltern. Und relevant ist längst nicht alles. Vielleicht hast du schon einmal von der **80/20-Regel** gehört. Sie besagt, dass 20 % der Elemente eines Textes rund 80 % des Inhalts, der für das grundlegende Verständnis wichtig ist, enthalten. Deshalb kannst du dir 80 % der Textelemente im Grunde sparen! Überraschend, oder?

Experimentierfreudigen Lesern, die bereit sind, neue, ungewöhnliche Wege auszuprobieren, empfehle ich neben dem Buch 📖 „Schneller Lesen" von *Holger Backwinkel* (Haufe-Verlag) auch das Buch 📖 „Photo Reading" von *Paul R. Scheele* (Junfermann-Verlag). Warnen möchte ich hierbei allerdings vor der Erwartung, dass man nach der Lektüre von „Photo Reading" den gesamten Jura-Stoff quasi ohne jede bewusste Auseinandersetzung lesen und behalten kann.

Immer wieder erhalte ich E-Mails von Studenten, die glauben, dass die Photo-Reading-Methode, die das Unbewusste stark einbezieht, eine *bewusste* Auseinandersetzung mit der juristischen Literatur überflüssig mache. Deshalb möchte ich an dieser Stelle noch einmal betonen, dass Erfolge, die durch das Unbewusste erzielt werden, ein Geschenk sind, das man nicht erzwingen kann. Eine bewusste Auseinandersetzung mit dem Stoff, insbesondere mit Hilfe von Fallsammlungen wie z.B. der *„Standardfälle"*, ist daher in jedem Fall dringend zu empfehlen.

Häufig wird mir auch die Frage gestellt, inwieweit ich selbst anhand eigener Erfahrungen das Funktionieren der Photo-Reading-Methode bestätigen kann. Dazu fällt mir als besonders plastisches Beispiel meine Anmeldung zum ersten Staatsexamen beim Justizprüfungsamt in Hamm (Westfalen) ein. Das Justizprüfungsamt verlangt dabei, dass man durch die Einträge des Studienbuchs nachweist, dass alle erforderlichen Veranstaltungen besucht worden sind. Viele Studenten tragen daher zur Examensmeldung notgedrungen alle geforderten Veranstaltungen nachträglich in ihr Studienbuch ein und nutzen dabei ihre alten Vorlesungsverzeichnisse, die man sich deshalb übrigens gut aufheben sollte.

In meiner Liste fehlte irgendein exotisches Grundlagenfach, was daran lag, dass die entsprechende Veranstaltung damals überhaupt nicht stattgefunden hatte. Dummerweise hatte ein anderer Examenskandidat bei seiner Examensmeldung diese Vorlesung in seinen Anmeldungsunterlagen als „besucht" vermerkt, so dass sich für den Sachbearbeiter des Prüfungsamts die Frage stellte, ob die Veranstaltung nun stattgefunden hatte oder nicht. Ich verließ also das Prüfungsamt, nachdem man mich dort gebeten hatte, möglichst schnell eine Bescheinigung der Uni nachzureichen, die das Ausfallen dieser Vorlesung bestätigte.

Da ich auf meinen Rückreisezug von Hamm nach Münster noch über eine halbe Stunde warten musste, entschied ich mich, diese Zeit zu nutzen, um bei der Universitätsverwaltung wegen der Bescheinigung anzurufen. Wie aber lautete die Nummer der Universitätsverwaltung? Auswendig wusste ich sie nicht, da ich dort lange nicht mehr angerufen hatte. In der Bahnhofstelefonzelle befand sich auch kein Telefonbuch, in welchem ich die Nummer hätte nachschlagen können. Sollte ich also die Zeit bis zum Eintreffen des Zugs nicht sinnvoll nutzen können?

24

Irgendwie hatte ich dann plötzlich eine dunkle Ahnung, wie die Nummer lauten könnte und tippte sie in die Telefon-Tastatur ein. Als sich am anderen Ende plötzlich die Universitätsverwaltung meldete, war ich ziemlich überrascht. Jetzt erst fiel mir ein, dass ich einen Tag vorher aus Spaß eine Seite mit den Uni-Telefonnummern „photogelesen" hatte und dabei offensichtlich etwas „hängen" geblieben war. Dieses Beispiel macht in besonderer Weise deutlich, warum ich oben Erfolge, die durch das Unbewusste erzielt werden, als ein *Geschenk* bezeichnet habe, das man nicht erzwingen kann.

▶ Wie behalte ich den Stoff sicher?

Zunächst müssen wir gemeinsam überlegen, was es eigentlich ist, das du gerne in deiner „Birne" behalten würdest, was aber irgendwie nicht drinnen bleiben will.

Für Klausuren und die mündliche Examensprüfung sind relevant:

- Definitionen (z.B. Arglist i.S.d. § 123 I BGB)
- Einige Meinungsstreitigkeiten
- Normzusammenhänge (z.B. Verhältnis des § 119 II BGB zur kauf-rechtlichen Gewährleistung, §§ 434 ff.)
- Die Reihenfolge, in der die Vorschriften durchgeprüft werden
- Tatbestandsmerkmale und Anspruchsgrundlagen, die nicht im Gesetz stehen.

Meine Oma hatte Recht...

Während meiner Wohnzeit in einem Studentenwohnheim stellte ich irgendwann fest, dass der regelmäßige Gang durch die Flure dazu führte, dass ich bald die Namen der Bewohner dieser Flure samt Zimmernummer, insgesamt ca. 300 Stück, auswendig kannte. Angestrengt hatte ich mich hierbei überhaupt nicht. Allein das ständige Immer-Wieder-Sehen brachte dieses Resultat. Das machte mich neugierig.

Ich fragte mich, ob sich dieser Effekt auch für das Studium nutzen ließe. „Probieren geht über Studieren", hatte meine Oma immer gesagt und so blätterte ich jeden Tag gemütlich meine *Schemata* durch und verweilte bei jeder Seite wenige Sekunden. Dabei war ich innerlich völlig *entspannt* und *aufnahmefähig*. Mit einem „Brummschädel" habe ich nie gelernt.

Wenn ich gestresst oder müde war, bin ich lieber ins Bett, spazieren oder zu Freunden gegangen, anstatt mich an den Schreibtisch zu setzen. Hätte nämlich 'eh nichts gebracht. Über Babys hatte ich einmal gelesen, dass die deshalb so lernfähig sind, weil sie mit Freude, Neugier und Aufgeschlossenheit an neue Dinge herangehen.

Leider hatte man mir diese Freude und Neugier in der Schule ziemlich verdorben. Vieles habe ich nicht gelernt, weil es mir Spaß machte, sondern weil ich es lernen musste. So war Lernen irgendwann gleichbedeutend mit Zwang, Anstrengung und Disziplin. Allerdings war ich jetzt ja erwachsen und hatte die Wahl, ob ich weiterhin mit dem Gefühl von Zwang und Anstrengung oder eben mit Freude und Neugier lernen wollte. Die Hoffnung, dass das Lernen auch ohne Stress ablaufen könnte, löste einen wahren Motivationsschub in mir aus. Ich hatte nichts zu verlieren. Wenn diese Methode tatsächlich funktionierte, dann hätte ich ganz leicht etwas gelernt. Wenn nicht, hätte ich nur sehr wenig Zeit umsonst investiert.

Wichtige Definitionen oder Schlüsselwörter hatte ich in den Schemata schon vorher, wenn ich in einem Lehrbuch oder Skript ein bestimmtes Thema durchgearbeitet hatte, mit einem Textmarker zum Leuchten gebracht und manchmal auch eigene Stichworte dazugesetzt. Bei der „Stellvertretung" hatte ich beispielsweise die Schlüsselbegriffe „Vollmacht", „Duldungsvollmacht", „Anscheinsvollmacht", „Handeln im Rahmen der Vollmacht" und „Kollusion" markiert. Diese Begriffe kamen mir beim Durchblättern regelrecht „entgegengesprungen". Ich war der festen Überzeugung, dass sich die Seiten in meinem Gedächtnis einprägen und mir dann bei Klausuren zur Verfügung stehen würden. Und ich glaubte daran, dass dies - wie bei den Zimmernummern - ganz automatisch und entspannt gehen würde.

Der Effekt war überwältigend. Nach ein paar Wochen, als Klausuren geschrieben wurden, sah ich die einzelnen Seiten in Gedanken vor mir und wusste sofort, wo das entsprechende Problem zu lokalisieren war, in welcher Reihenfolge geprüft werden musste, usw. Dass ich die Schemata im Kopf hatte, gab mir auch Sicherheit. Denn nun hatte ich soviel Grundwissen, dass ich bei den Klausuren wenigstens den Einstieg fand.

Die Schemata bzw. deine Lernunterlagen jeden Tag einmal in entspanntem, aufnahmefähigem Zustand durchblättern und ansehen! Die Häufigkeit der Wiederholung bringt's.

Findige Juristen werden an dieser Stelle einwenden, dass das bloße Durchblättern nicht ausreiche, um erfolgreich Klausuren zu bewältigen. Denn Jura erfordere schließlich ein vertieftes Verstehen und - wie es so schön im Amtsdeutsch-Nominalstil heißt - die „geistige Durchdringung der Materie". Also, liebe Kolleginnen und Kollegen, wenn ihr meine Ausführungen oben so verstanden habt, dass man nur 4 Jahre lang Schemata durchblättern müsse und dann Examen machen könne, dann habe ich mich vielleicht noch nicht klar genug ausgedrückt: Natürlich muss jeder Student und jede Studentin auch das Lösen von Fällen trainieren.

Wie aber soll man in einer Strafrechtsklausur den Mordtatbestand, § 211, durchprüfen, wenn man die Definition von „heimtückisch", „grausam" etc. nicht auswendig kennt? Wie soll man im Zivilrecht feststellen, ob die Voraussetzungen des Vertrags mit Schutzwirkung zugunsten Dritter erfüllt sind, wenn einem die vier Voraussetzungen (Leistungsnähe, Einbeziehungsinteresse, Erkennbarkeit, kein eigener Anspruch des Dritten) nicht geläufig sind? Diese Grundkenntnisse erwirbt man nur durch ständiges Wiederholen. Oder, etwas abstrakter ausgedrückt für alle, die bei wissenschaftlich klingenden Formulierungen Glücksgefühle verspüren: Das Durchblättern ist keine *hinreichende* Bedingung für den Examenserfolg, aber eine *notwendige!*

Geht's auch ohne Schemata?

Klar, man hat schließlich immer mehrere Wahlmöglichkeiten im Leben. Wer Schemata nicht nutzen möchte, kann leere Karteikarten beschreiben oder bereits fertig beschriftete Karteikarten kaufen. Aufbewahrt werden sie in einem Karteikasten. Die Karte, die du dir gerade zur Wiederholung angeschaut hast, wird ganz hinten im Kasten einsortiert, wenn dir der Inhalt (z.B. eine Definition) bekannt war. War die Wiederholung nicht erfolgreich, wird sie weiter vorne einsortiert. Grund: Was noch nicht „sitzt", sollte möglichst bald wiederholt werden.

Karteikarten haben Vor- und Nachteile. Zunächst die *Nachteile:*

- Das Beschreiben ist ziemlich zeitaufwendig
- Fertig beschriftete Karteikarten sind teuer
- Einzelne Karten können verloren oder falsch eingeordnet werden. Die entsprechende Information ist dann unauffindbar.

Und jetzt der *Vorteil:* Der Vorteil von *selbst beschrifteten* Karteikarten ist, dass bereits das *Beschreiben* der Karte einen Behaltenseffekt hat. Informationen können nämlich auf ganz verschiedenen Kanälen ins Gedächtnis gelangen: durch Sehen, Hören, Fühlen, Riechen, Schmecken. Beim Schreiben gelangt die Information über das Gefühl zu den grauen Zellen.

Wer diesen Effekt kennt, wird sich angewöhnen, beim Lernen grundsätzlich zentrale Begriffe und Definitionen kurz aufzuschreiben. Dadurch wird zusätzlich zum visuellen Kanal (Sehen) auch der Gefühls-Kanal aktiviert. Wenn dich die gleiche Information dann auch noch über den Hör-Kanal erreicht (z.B. in einer Vorlesung), dann prägt sie sich viel, viel schneller ein. Deshalb immer möglichst mehrere Kanäle benutzen! Zum Lernen mit Karteikarten hat sich übrigens 📖 *Kitzler,* **JuS** 1983, Seite 725 ausgelassen. Hilfreich sind ferner die Niederle-Skripten *„Definitionen für die Strafrechtsklausur", „Definitionen für die Zivilrechtsklausur"* und *„Definitionen für die Klausur im Öffentlichen Recht",* die auch als Hörbuch (MP3) verfügbar sind.

Das Behalten klappt außerdem deutlich besser, wenn du dich aktiv mit dem Stoff auseinandersetzt und Bezüge zum realen Leben herstellst. Es motiviert ungemein, wenn du merkst, dass du nicht nur trockenes Zeug lernst, sondern mit Jura auch außerhalb der Uni etwas anfangen kannst. Ein Bekannter wollte beispielsweise einmal von mir wissen, ob er gegen den Verkäufer seines VW-Golfs vorgehen könne. Dieser hatte ihm beim Kauf zwei Jahre zuvor bewusst verschwiegen, dass der Wagen einen schweren Unfall gehabt hatte. Die abstrakte Frage, ob man gegen einen arglistigen Verkäufer auch nach zwei Jahren noch vorgehen kann, hatte durch den Praxisbezug eine ganz andere Bedeutung für mich.

Ein weiteres Beispiel, das ich erlebt habe, ist der „Waschmaschinenfall". Mein Bruder kaufte einen Badezimmerteppich und wusch ihn in seiner Waschmaschine. Leider löste der Teppich sich auf und verstopfte die Maschine. Reparaturkosten: rund 150 Euro. "Kann ich die Reparaturkosten für die Waschmaschine von dem Ladeninhaber ersetzt verlangen?", wollte mein Bruder von mir wissen. Ich beschäftigte mich nun insbesondere mit folgender Frage: Stellt die *Lieferung* des fehlerhaften Teppichs durch den Verkäufer eine *Pflichtverletzung* im Rahmen einer sog. „positiven Vertragsverletzung" (heute § 280 BGB) dar?

Sechs Monate später hatte ich in einer Klausur folgenden Fall zu lösen: Eine alte Dame besitzt zwei Yorkshire-Terrier. Ein Terrier stirbt. Die Dame kauft sich bei einem Hundezüchter einen Welpen, damit der überlebende Terrier nicht so einsam ist. Leider ist der Welpe mit einem Virus infiziert und steckt den „alten" Terrier an. Die Tierarzt-Behandlung des „alten" Terriers kostete 75 Euro. Kann die Dame diese 75 Euro vom Hundezüchter ersetzt verlangen?

Obwohl beide Fälle auf den ersten Blick völlig unterschiedlich sind, ist doch das gleiche Problem zu behandeln: Hat der Hundezüchter eine *Pflichtverletzung* im Rahmen einer „positiven Vertragsverletzung" (§ 280 BGB) begangen, indem er den infizierten Welpen *lieferte*? Diese Fragen waren mir noch vom „Waschmaschinenfall" geläufig. Es hat sich damals wirklich ausgezahlt, dass ich für meinen Bruder recherchiert hatte. Einen gut verständlichen Beitrag über das juristische Lernen gibt's von 📖 *Edenfeld*, **JA** 1996, Seite 843.

 ▶ **Ist eine private AG sinnvoll?**

Eine private Arbeitsgemeinschaft bietet viele Vorteile:
- Du lernst deine AG-Kolleginnen und Kollegen privat kennen. Daraus ergeben sich häufig Freundschaften, die auch nach den Examina weiterbestehen.
- Du erhältst ein Feedback über deinen Leistungsstand.
- Gemeinsames Arbeiten motiviert.

- Diskussionen beseitigen Unklarheiten, stopfen Lücken und geben dir neue Anregungen.
- Du kannst trainieren, dich juristisch auszudrücken. Spätestens in der mündlichen Examensprüfung wird diese Fähigkeit von dir erwartet.

Wie kommt es, dass sich trotz dieser Vorteile viele Arbeitsgemeinschaften bald wieder auflösen? Mögliche Gründe sind:

- unterschiedliche Erwartungen der Teilnehmer an die AG. Der eine besucht die AG hochmotiviert, um z.B. endlich zu diskutieren, wie er das Flaschenpfand rechtlich einordnen soll, der andere kommt eigentlich nur, um den Schalke-Sieg vom Wochenende zu feiern und darauf ein gepflegtes Pils zu trinken.
- Manche reißen sich für die AG ein Bein aus, andere erscheinen nur dann, wenn sie sich gerade nicht auf Partys 'rumtreiben und sind dann - was für eine Frechheit! - auch noch schlecht vorbereitet.

Erfolgreich wird eine private Arbeitsgemeinschaft nur dann sein, wenn sich Leute zusammenfinden, die den gleichen Wissensstand, ähnliche Interessen und die gleiche Einsatzbereitschaft mitbringen. Falls in deinem Freundeskreis niemand ist, mit dem du eine AG machen möchtest, kannst du am „Schwarzen Brett" einen entsprechenden Zettel aushängen. Zur Vertiefung des ganzen Themas empfehle ich 📖 Bacher, **JuS** 1992, 622 und 📖 Ehlert/Niehues/Bleckmann, **JuS** 1994 L 26.

▶ **Wie motiviere ich mich?**

So macht das tägliche Lernen Spaß...

Studenten, die sich selbst erfolgreich motivieren
- lernen *regelmäßig* zu einer fest eingeplanten Zeit und hören *rechtzeitig* auf. Wenn unklar ist, wann das Lernen beendet sein wird, ist die Motivation gering, überhaupt damit anzufangen. Die Psyche blockiert: bereits nach kurzer Zeit beginnt das Tagträumen.

- legen sich ihre Lernzeit so, dass sie auch ihren *Hobbys* und sonstigen Interessen nachgehen können.

- gehen *ausgeschlafen*, *entspannt* und *wach* an ihren Schreibtisch oder ihren Arbeitsplatz in der Bibliothek. Wer von der Vortagsparty noch glasige, rote Augen hat, bleibt besser im Bett. Merke: Nicht die abgesessene Zeit zählt, sondern das, was „hängenbleibt". Studenten arbeiten schließlich nicht mit ihrem Hintern!

- sorgen dafür, dass sie während des Lernens nicht ständig von Freunden, Nachbarn etc. *abgelenkt* werden, z.B. durch Anbringen eines entsprechenden Schildes an der Zimmertür.

- führen sich vor Augen, dass das, was sie heute lernen, sich für die nächste Übung, das erste und zweite Staatsexamen *lohnen* wird.

- stellen sich etwas *Angenehmes* nach dem Lernen in Aussicht, z.B. ein gemeinsames Mittagessen mit Freunden und freuen sich darauf.

- beenden das Lernen mit dem befriedigenden Gefühl, *weitergekommen* zu sein und *Fortschritte* erzielt zu haben.

- achten darauf, dass sie zum Zeitpunkt des Lernens frei sind von Sorgen und ungelösten Problemen, z.B. indem sie *vorher* mit einem Freund oder einer Freundin darüber reden.

- schließen andere Aufgaben (z.B. Staubsaugen, Spülen) ab, *bevor* sie mit dem Lernen beginnen. Dieser Punkt ist sehr wichtig, da man sich immer nur auf *eine* Sache 100 % ig konzentrieren kann.

Besonders konsequent im Abschließen alltäglicher Aktionszyklen soll *Albert Einstein* gewesen sein. Folgende Anekdote wird über ihn berichtet:

Ein amerikanischer Mathematiker hatte mit Einstein einen Text verfasst und suchte eine Klammer, um die Blätter zusammenzuheften. Die beiden fanden aber nur eine krumme und fingen an, nach einem Instrument zu suchen, um sie geradezubiegen. Nachdem sie verschiedene Schubladen durchsucht hatten, fanden sie eine ganze Schachtel mit Klammern. Einstein nahm eine davon heraus und drückte damit die krumme Klammer zurecht. Der Kollege wies Einstein darauf hin, dass das Geradebiegen doch jetzt überflüssig sei. Einstein antwortete darauf: „Wenn ich einmal etwas im Kopf habe, dann lasse ich nicht mehr davon ab". Später erklärte Einstein seinem Kollegen, dass diese kleine Geschichte wohl eine der besten Beschreibungen seiner Arbeitsmethode sei. Tja, wer hätte das gedacht: auch Juristen können von Einstein lernen!

...und so hält man sein Studium durch

Fast jeder Student fällt zwischen dem dritten und fünften Semester vorübergehend in ein „Motivationsloch". Manche überlegen, das Studium abzubrechen. Wie motiviert man sich in dieser Situation dazu, das Studium fortzusetzen?

Eine Möglichkeit besteht darin, sich klarzumachen, dass man das Gelernte für seine spätere Tätigkeit als Staatsanwalt, Richter oder Rechtsanwalt benötigt. Als *Staatsanwalt* oder *Richter* wirkst du an der Wahrheitsfindung mit und erfüllst damit eine wichtige und vor allem gesellschaftlich *anerkannte* Aufgabe. Du kannst dir vorstellen, wie du als Richter im Gerichtssaal am Richtertisch sitzt und eine Verhandlung leitest, Zeugen befragst usw.

Als *Anwalt* arbeitest du natürlich auch an der Wahrheitsfindung mit und übst einen gesellschaftlich anerkannten Beruf aus, doch liegt der Schwerpunkt der Anwaltstätigkeit auf dem *Helfen*. Es kommen Leute zu dir, die dringend deine Hilfe benötigen. Oft ist der Anwalt für sie der letzte Rettungsanker. Kaum zu glauben, aber wahr: Während die Menschen früher ihre intimsten Sorgen und Nöte dem Pfarrer anvertrauten, gehen sie heute zum Rechtsanwalt. Das kann nervig sein, kann einem aber auch *Selbstbestätigung* und das gute Gefühl vermitteln, gebraucht zu werden. Falls es dir schwer fällt, eine Vorstellung von diesen praktischen Tätigkeiten

32

zu entwickeln, absolviere möglichst bald deine Pflichtpraktika. Informationen darüber gibt's in der Fachschaft.

Wenn die Vorstellung, demnächst im Gerichtssaal zu sitzen, für dich nicht motivierend ist, weil du z.b. Journalist werden möchtest, bleibt dir noch die Strategie des *Spielers* oder *Sportlers*: Betrachte das Studium einfach als ein großes Spiel oder einen fairen sportlichen Wettbewerb mit vielen Teilnehmern. Dein Ziel ist, in diesem Wettbewerb möglichst gut abzuschneiden. Es macht dir Spaß, regelmäßig zu „trainieren" und zu sehen, wie deine Leistungsfähigkeit wächst.

Was versteht man eigentlich unter einem „Spieler"? Wodurch zeichnet er sich aus? Nun, er lebt nach dem Motto „Mal sehen, was ich erreichen kann", bleibt stets *locker* und *entspannt* und besitzt eine *positive Lebenseinstellung*. Von Misserfolgen lässt er sich nicht abhalten, sondern spielt das Spiel „1. Staatsexamen" beharrlich weiter. Sein *Humor* hilft ihm, dabei den Blick für das Wesentliche zu bewahren.

Unter den Begriff des „Spielers" fallen damit diejenigen nicht, die schon in den ersten Semestern jeden Tag sieben und mehr Stunden *verbissen* über ihren Büchern sitzen, daher kaum *Freunde* und *Hobbys* haben, permanent von der *Angst* geplagt werden, dass die nächste Klausur nicht im zweistelligen Prädikatsbereich liegt und es daher mit der (von Papi und Mami gewünschten?) Promotion vielleicht nicht klappt und die in der Bibliothek Bücher verstecken oder gar Seiten aus ihnen herausreißen, um bei Hausarbeiten gegenüber den Kommilitonen Vorteile zu haben.

Vor allem das Herausreißen von Seiten hört sich schlimm an, solche Leute gibt es aber wirklich! Wer so lebt, mag vielleicht einen guten Universitätsabschluss erzielen. Ein glücklicher Mensch wird er aber wohl nicht werden. Denn zum Glück gehört auf lange Sicht nicht nur ein erfüllender Beruf, sondern auch ein positives Verhältnis zu sich selbst und zu anderen.

Diesen kurzen Ausflug in Philosophische habe ich unternommen, um deutlich zu machen, dass es im Studium nicht nur darum gehen kann, ohne Rücksicht auf Verluste nach außen hin „Sieger" zu werden. Wer nicht auch die *innere Haltung* eines Spielers einnimmt, wird allenfalls Scheinsiege erzielen.

▶ Wie verwandele ich Misserfolge in Erfolge?

Du hast eine Klausur oder Hausarbeit nicht bestanden und bist ziemlich niedergeschlagen? Vielleicht überlegst du sogar, das Studium an den Nagel zu hängen? Nur nichts überstürzen, schließlich bist du nicht der Erste, dem das passiert...

Das Leben ist hart und ungerecht...
Einen Grossteil der Sommersemesterferien brachte ich mit dem Schreiben der kleinen Straf- und der kleinen Ö-Rechts-Hausarbeit zu. Während ich in der Uni-Bibliothek schwitzte, machten meine drei Freunde Urlaub am Meer und genossen die Sonne und den Strand. Zurück in Münster, ließen sie sich meine beiden Hausarbeiten geben, übernahmen sie fast wörtlich und gaben ihre ziemlich identischen Arbeiten dann ab.

Die korrigierten Hausarbeiten wurden zu Beginn des Wintersemesters ausgegeben. Im Strafrecht hatte einer meiner drei Freunde 7 Punkte, ein anderer 6, einer 5 und ich, der Verfasser, 2! Im Öffentlichen Recht das Gleiche: 1x 9 Punkte, 1x 7 Punkte, 1x 6 Punkte und einmal 2 Punkte. Die 2 Punkte hatte wieder ich! Ungerecht, oder? Davon war ich natürlich auch überzeugt und gab deshalb die Arbeiten zur Nachkorrektur. Leider ohne Erfolg.

Ein Alptraum wurde wahr: Während des laufenden Semesters, wo man eigentlich mit dem „normalen" Semesterstoff schon genug zu tun hat, musste ich zusätzlich zwei Hausarbeiten schreiben, um die beiden kleinen Scheine noch zu kriegen! Zuerst war ich einfach nur niedergeschlagen. Dann aber erinnerte ich mich an ein Interview mit dem Profi-Boxer Henry Maske. Maske, der in 28 Profikämpfen ungeschlagen aus dem Ring gestiegen war, hatte darin gesagt:

> Eine knallharte Niederlage bringt dich weiter als ein schwacher Sieg.

Soll heißen, dass jeder Misserfolg im Leben eine Chance darstellt, etwas zu lernen. Wie sich später herausstellte, hatte er Recht. Ich habe tatsächlich gelernt. Da mir nur wenig Zeit zur Verfügung stand, musste ich damit ökonomisch umgehen. Dadurch lernte ich, dass man eine Drei-Wochen-Hausarbeit notfalls auch in 14 Tagen schreiben kann, wenn man jeden Tag 12 Stunden arbeitet. Ich lernte außerdem, wie man zügig die Hausarbeits-Literatur findet, und dass ein perfekter Gutachtenstil fast schon eine Garantie dafür ist, dass man bald auf die Probleme eines Falles stößt. Die Folge meines Misserfolgs war, dass ich meine Hausarbeitstechniken soweit perfektionierte, dass die beiden Semester-Hausarbeiten und alle nachfolgenden im Prädikatsbereich lagen.

Nach einer gescheiterten Klausur oder Hausarbeit ist Ursachenanalyse angesagt. Frage dich: Woran hat es gelegen, dass ich nicht bestanden habe?

- War meine Methodik (Gutachtenstil) noch nicht optimal?
- Fehlte mir in der Klausur spezifisches Wissen (z.B. Meinungsstreits)?
- Habe ich bei der Literatursuche für die Hausarbeit wichtige Literatur übersehen?
- War ich zum Prüfungszeitpunkt unausgeschlafen, unkonzentriert oder krank?
- Wurde meine Arbeit fehlerhaft korrigiert oder zu streng zensiert?

In letzterem Fall solltest du nicht davor zurückscheuen, die Arbeit zur Nachkorrektur einzureichen. Fehlkorrekturen kommen nämlich ständig vor. Manchmal sind sie richtig krass. Ich selbst habe schon einmal einen Fall erlebt, wo eine Hausarbeit von 6 Punkten „ausreichend" auf 16 Punkte „sehr gut" angehoben wurde! Wichtig ist, dass du *sachlich* begründest, warum deine Hausarbeit oder Klausur unterbewertet worden ist. Der Hinweis darauf, dass die Arbeiten deiner Freunde besser benotet worden sind, obwohl die doch alle von dir abgeschrieben haben, ist allerdings keine sachliche Begründung! In diesem Fall bleibt dir nichts anderes übrig, als die Zähne zusammenzubeißen und die Ungerechtigkeit des Lebens zu ertragen....

In den übrigen Fällen kannst du versuchen, die erkannten Schwachstellen zu beseitigen, also deinen Gutachtenstil zu verbessern, dir klausurspezifisches Wissen anzueignen usw. Mit dieser Methode haben es vor dir schon viele zu erfolgreichen Universitätsprofessoren, Rechtsanwälten oder Richtern gebracht.

35

Die meisten dieser Leute haben in ihrem Studium gelernt, sich durch Misserfolge nicht von ihrem Ziel abbringen zu lassen. Der Chinese Sun Tse schrieb bereits im 4. Jh. v. Chr. in seinem Ratgeber „Die 13 Gebote der Kriegskunst":

> Du musst eine *Schlacht* verlieren können, um den *Krieg* zu gewinnen.

▶ Wie gelingt meine Hausarbeit?

Klausur und Hausarbeit stellen unterschiedliche Anforderungen. Bei der Klausur geht es primär um das *Auswendigkönnen* von Definitionen und grundlegenden Meinungsstreitigkeiten, bei der Hausarbeit darum, die spezielle *Literatur* zu einem bestimmten Thema zu finden. Voraussetzung für beide ist die Beherrschung des *Gutachtenstils*. *Fortgeschrittene* Studenten sollten mit Hilfe des Buchs 📖 „Die BGB-Klausur" von *Diederichsen/Wagner*, JuS-Schriftenreihe, ihre Klausurtechnik verbessern. Wie man zivilrechtliche Fälle löst, erfährt man als *Anfänger* von 📖 *Brox* in der Zeitschrift **JA** 1987, Seite 169 und von 📖 *Hopf* in der Zeitschrift **Jura** 1992, Seite 225; über methodische Fehler informiert 📖 *Christensen* in der **JA** 2010, Seite 566.

Eine Einführung in den Allgemeinen Teil des BGB liefert 📖 *Früh* in der Zeitschrift **JuS** 1993, Seite 825; fortgesetzt in **JuS** 1994, Seiten 36; 212. Wer sich für die Hausarbeits-Formalien interessiert, kopiert sich den Beitrag von 📖 *Dietrich* in der Zeitschrift **Jura** 1998, Seite 142 oder von 📖 *Geilen*, **Jura** 1979, Seite 536 (Strafrecht).

Diejenigen, die eine *Musterhausarbeit* oder -klausur suchen, haben folgende Möglichkeiten:
- Die Fachschaft Jura hält Kopierexemplare von Hausarbeiten und Klausuren bereit.
- In **Teil 2** dieses Buchs sind zu allen relevanten Themengebieten Musterhausarbeiten und –klausuren aufgelistet.
- Auf **www.niederle-media.de** gibt es unter „Kostenlos" -> *„3. Links auf kostenlose Skripte und Mindmaps"* das Skript

„Wie gelingt meine BGB-Hausarbeit?". Zusätzlich zu 10-12 kostenlosen, monatlich wechselnden Uni-Klausuren verschiedener Schwierigkeitsgrade ist dort auch das für Doktor-, Seminar- und Hausarbeiten verwendbare Skript *„Zitieren in juristischen Arbeiten"* als kostenloser Download bereitgestellt.

Apropos Internet: Eines der gängigsten Portale für Jurastudenten ist neben **www.juraexamen.info** vor allem **www.jurawelt.com**.

Hier findest du z.B. auch *Diskussionsforen*. Falls du also einmal eine Frage zu deiner Hausarbeit hast, kannst du dort mit anderen Studenten darüber online diskutieren. Mein Tipp: einfach mal hinsurfen! Dringend abzuraten ist hingegen davon, die Hausarbeit von vermeintlichen „Experten" (Richter, Anwälte etc.) *vollständig* lösen zu lassen. Grund: Vor allem Praktiker haben regelmäßig nicht die Zeit, um sich mit den Streitfragen gründlich auseinanderzusetzen. Gerade das ist aber bei einer Hausarbeit erforderlich, wenn man mehr als ein „ausreichend" erzielen möchte.

Literatursuche leichtgemacht...

Jetzt gibt' s erst einmal ein paar Tipps, wie du möglichst schnell und sicher die Hausarbeits-Literatur findest. Wer nicht sorgfältig Literatur gesucht hat, braucht mit dem Schreiben gar nicht erst anzufangen. Ohne Literatur ist eine Hausarbeit nämlich praktisch nichts wert! Die Literatursuche beginnt erst dann, nachdem man eine grobe Lösungsstruktur entwickelt hat und weiß, wo die Probleme in etwa liegen.

Beispiel: Der Käufer (K) faxt dem Verkäufer (V), er wolle die für 40.000 Euro angebotene Vase aus der Mung-Dynastie kaufen. Da das Faxgerät des V defekt ist, bemerkt V nicht, dass K sein Angebot angenommen hat. V erfährt nun, dass die Vase 80.000 Euro wert ist und will sie dem K nur für diesen Preis geben. Kann der K vom V Übereignung der Vase für 40.000 Euro verlangen?

K könnte gegen V einen Anspruch auf Übereignung aus § 433 I 1 BGB haben. Voraussetzung hierfür ist, dass zwischen K und V ein *Kaufvertrag* zustande gekommen ist. Ein Vertrag kommt zustande durch zwei übereinstimmende Willenserklärungen, nämlich *Angebot* und *Annahme*. K hat das Angebot des V angenommen, indem er dem V faxte, er wolle die angebotene Vase kaufen. Die Besonderheit dieses Falles besteht offensichtlich darin, dass der K die Annahme per Telefax erklärt hat und das Gerät des V zu dieser Zeit defekt war. Die Worte „Angebot", "Annahme" und „Telefax" sind demnach Schlüsselbegriffe, die den Weg zum Problem des Falles weisen.

1. Schritt: Du nimmst dir das entsprechende *Alpmann-BGB-AT-Skript*, soweit verfügbar, und siehst hinten im *Stichwortverzeichnis* unter „Angebot", „Annahme" und „Telefax" nach. Vielleicht hast du ja Glück und es handelt sich bei deinem Problem um ein „Standardproblem", das im Skript bereits klausurmäßig mit h.M. (herrschender Meinung) und a.A. (andere Ansicht) aufbereitet ist. Dauer: ca. 1 Minute.

2. Schritt: Du suchst dir in der Bibliothek den „Palandt" in der *neuesten* Auflage und schlägst das Stichwortverzeichnis auf. Hier findest du unter dem Stichwort „Telefax" folgende Angaben: „Haftg für Mißbr **173**, 8; u Schriftform **126**, 11; Zugang **130**, 17; Werbg **1004**, 7". Die **fette** Zahl bezeichnet den kommentierten Paragraphen, die magere Zahl die Randnummer. In obigem Beispiel könnte der "Zugang", § 130 BGB problematisch sein. Dauer: ca. 2 Minuten.

3. Schritt: Du schlägst die Kommentierung zu § 130 BGB auf und suchst Randnummer 17. Nun liest du, ob die Erläuterungen zu Rdn. 17 auf *deinen* Fall zutreffen. Hat der V im Ausgangsfall beispielsweise auf seinen Telefaxanschluss hingewiesen, dann muss er sicherstellen, dass das Gerät einsatzbereit ist (Ebnet, NJW 1992, 2991; Fritsche/ Malzer, DNotZ 1995, 14). Dauer: ca. 10-15 Minuten.

4. Schritt: Als nächstes schaust du dir die Kommentierung des § 130 BGB in den *neuesten* Auflagen der anderen Kommentare (Jauernig, Erman, Soergel, Münchener Kommentar) an. Hier findest du wahrscheinlich weitere Literaturangaben. Dauer: ca. 1-2 Stunden.

5. Schritt: Du kannst dir nun die gefundenen Kommentar-Seiten kopieren. Das hat den Vorteil, dass du später nachvollziehen kannst, *woher* deine Zeitschriften-Fundstellen stammen. Außerdem kannst du die Fundstellen auf der Kopie unterstreichen. Alternativ kannst du die Fundstellen natürlich auch einfach auf einem Zettel notieren.
Dauer: ca. 5 Minuten.

6. Schritt: Wenn du genug Quellenangaben gesammelt hast, suchst du die entsprechenden Zeitschriften heraus. Im Beispielsfall ist dies die Neue Juristische Wochenschrift (NJW), Jahrgang 1992, Seite 2991, und die Deutsche Notarzeitung (DNotZ), Jahrgang 1995, Seite 14. Du prüfst kurz nach, ob der betreffende Aufsatz bzw. das Urteil mit deinem Problem zu tun hat. Falls ja, wird die Quelle kopiert.
Dauer: ca. 10 Minuten.

7. Schritt: Nun überfliegst du die NJW- und DNotZ-Kopien und siehst nach, ob im Text oder am Ende des Textes weitere Quellen genannt sind, die du noch nicht entdeckt hast (Schneeballprinzip).
Dauer: ca. 5 Minuten.

8. Schritt: Obwohl du jetzt vermutlich schon viel Literatur gesammelt hast, bist du mit deiner Suche noch nicht am Ende. Es kann nämlich sein, dass kürzlich ein bedeutendes Urteil veröffentlicht worden ist oder jemand einen Aufsatz geschrieben hat, der sich mit genau deinem Problem auseinandersetzt. Da die Kommentare höchstens einmal pro Jahr (Palandt, Jauernig), teilweise sogar erst nach 3-5 Jahren (z.B. Soergel, Münchener Kommentar) aktualisiert werden, ist es wahrscheinlich, dass ein *brandaktuelles* Rechtsproblem darin noch nicht Eingang gefunden hat. Der 8. Schritt besteht deshalb darin, die *Zeitschriften* der letzten 6-9 Monate zu überfliegen und nach den Begriffen „Zugang" und „Telefax" Ausschau zu halten.

Die meisten Zeitschriften haben auf der Außenseite des Covers eine *Inhaltsübersicht*, so dass man sie nicht komplett durchblättern muss. Folgende Zeitschriften sollten *immer* durchgesehen werden: *JuS, Jura, Rechtsprechungsübersicht (RÜ), NJW*. Welche Zeitschriften es sonst noch gibt, erfährst du aus dem Zeitschriftenverzeichnis.

39

Der Blick hierein lohnt sich insbesondere dann, wenn Gegenstand der Hausarbeit ausnahmsweise ein etwas abgelegenes Rechtsgebiet ist, z.B. Medizinrecht. Dann ist das Auffinden der *Spezialzeitschriften* lebensnotwendig, weil die speziellen Probleme oft nur dort behandelt werden.
Dauer: ca. 1 Stunde.

9. Schritt: Ob man auch wirklich alle Quellen gefunden hat, prüft man zum Schluss, indem man am Bibliotheks-Computer die Datenbanken verschiedener Zeitschriften (z.B. NJW) oder die Online-Datenbank der Firma JURIS gezielt nach den betreffenden Schlagworten absucht. Im Beispielsfall sollten beide Schlagwörter gleichzeitig eingegeben werden, weil die Datenbank unter dem Stichwort „Zugang" hunderte von Quellen gespeichert hat. Wenn man das Schlagwort „Telefax" hinzufügt, sucht der Rechner die Quellen heraus, in denen sowohl das Wort „Zugang" als auch das Wort „Telefax" vorkommt.
Dauer: ca. 10 Minuten.

Datenbanken bewähren sich vor allem in den Fällen, in denen man im Kommentar zu seinem Problem nichts findet. Allerdings dürfte das höchstens auf schwierigere Fortgeschrittenenhausarbeiten zutreffen. Wer will, kann in den meisten Uni-Bibliotheken wie gesagt auch das JURIS-Angebot nutzen. Gerade der Anfänger sollte aber aufpassen, dass er nicht in der Flut der Literatur regelrecht ertrinkt. Für die *erste* Hausarbeit reichen sicher die Kommentare, Zeitschriften und Urteilssammlungen.

10. Schritt: Communicate! Wer den Bestseller „EQ - Emotionale Intelligenz" von Daniel Goleman gelesen hat, der weiß, dass die erfolgreichsten Mitarbeiter in einem Unternehmen diejenigen sind, die über ein breites Netzwerk von Ansprechpartnern verfügen, auf die sie bei besonderen Problemen zurückgreifen können. So ist es auch bei den Hausarbeiten.

Wer eine bestimmte Zeitschrift nicht findet oder bei seiner Literatursuche nicht vorwärts kommt, sollte seine Kommilitonen fragen. Leider sind nicht alle Studenten bereit, über ihre mühsam herausgesuchte Literatur Auskunft zu geben, schon gar nicht irgendeinem Unbekannten. Kontaktfreudige Studenten, die sich eine Vielzahl von guten Kontakten aufgebaut haben, sind hier klar im

Vorteil. So manchen Aufsatz, den man alleine niemals gefunden hätte, kriegt man dann ganz nebenbei beim Small-Talk mit....

Das Gutachten und sein Stil...

So, und jetzt geht es endlich weiter mit dem Cabrio-Fall. Für alle, die sich erst später zugeschaltet haben, hier noch einmal der Sachverhalt: Der Dieb D klaut dem Radprofi Glenn Buterol (B) sein schickes pinkfarbenes Cabrio und verkauft es dem Helmut Hehler (H). H weiß ganz genau, dass der D den Wagen gestohlen hat. Um sein Einkommen ein bisschen aufzubessern, kauft H die „heiße Ware" zu einem Spottpreis von D und verkauft sie mit gefälschten Fahrzeugpapieren für 30.000 Euro an die Kosmetikvertreterin Lore´ All. Die bemerkt überhaupt nicht, dass sie einen gestohlenen Wagen erwirbt. Erst der wütende B, der sein Cabrio vor dem Hotel Adlon stehen sieht, macht sie darauf aufmerksam und verlangt das Fahrzeug heraus.

Grafisch dargestellt, ist das Cabrio auf folgendem Weg vom B zu der A gelangt:

Rechtsanwalt L hat den Fall genau durchdacht und ist zu dem Ergebnis gekommen, dass es eigentlich nur zwei Lösungsmöglichkeiten gibt:

1. B hat gegen A einen Anspruch auf Herausgabe des Wagens -> Anspruch(+)

2. B hat gegen A *keinen* Anspruch auf Herausgabe des Wagens -> Anspruch (-)

Bevor L anfängt, mit dem Gesetz zu arbeiten, beantwortet er die Frage, ob der Anspruch besteht, mit Hilfe der **Abwägungs-Methode** *gefühlsmäßig*.

Schritt 1: Zunächst versetzt er sich in die Position der Frau A. Wie könnte Frau A argumentieren und begründen, dass sie ein Recht hat, den Wagen zu behalten? Nun, sie könnte beispielsweise sagen: "Ich habe 30.000 Euro für das Cabrio gezahlt. Ich wusste nicht, dass der Wagen geklaut war. Deshalb muss ich in meinem Vertrauen doch geschützt werden!"

Schritt 2: Dann versetzt L sich in die Position des B. Wie wird B wohl argumentieren und seinen Herausgabeanspruch begründen? Wahrscheinlich wird er sagen: "Es kann doch wohl nicht sein, dass jemand mein Auto stiehlt, es weiterverkauft und ich dann der Dumme bin. Als *Eigentümer* verdiene ich ja wohl besonderen Schutz!"

Schritt 3: Anschließend wägt L ab: Wer ist schutzwürdiger? Der B hinsichtlich seines Eigentums oder die A wegen ihres Vertrauens beim Kauf? Da in unserer Rechtsordnung - was Erstsemester natürlich noch nicht wissen können - das Eigentum einen sehr hohen Stellenwert hat, ist zu vermuten, dass der B schutzwürdiger als die A ist. Die gefühlsmäßige Beantwortung der Frage ergibt daher: B hat gegen A einen Anspruch auf Herausgabe des Cabrios.

 Wer sich mit Hilfe der Abwägungs-Methode in die Parteien hineinversetzt, wird das „Kernproblem" eines Falles meist entdecken!

Jetzt erst prüft L nach, was das Gesetz sagt. Völlig offen ist noch, *woraus* B möglicherweise Herausgabe verlangen kann:

1. Aus *Vertrag*, z.B. § 546 BGB - Rückgabe der Mietsache? Nein, zwischen A und B bestand kein Vertrag.
2. Aus *vertragsähnlichen Ansprüchen*, z.B. Geschäftsführung ohne Auftrag? Nein, die A hat kein Geschäft für B geführt.
3. *Dingliche* Ansprüche? Ja, § 985 BGB kommt in Betracht.
4. *Deliktische* Ansprüche, z.B. § 823 BGB? Nein, eine unerlaubte Handlung der A gegenüber B liegt offensichtlich nicht vor.
5. *Bereicherungsrechtliche* Ansprüche, §§ 812 ff BGB? Ja, denkbar.

Zu den verschiedenen Anspruchsgrundlagen vgl. 📖 *Linhart* in der Zeitschrift **JA** 2006, Seite 266.

Nun geht L in Gedanken den § 985 BGB durch.

Der *Obersatz* lautet: B *könnte* gegen A einen Anspruch auf Herausgabe des Golf-Cabrios gemäß § 985 BGB haben.

Der *Schlusssatz* lautet: B *hat* gegen A einen Anspruch auf Herausgabe des Golf-Cabrios gemäß § 985 BGB.
Oder, falls die Subsumtion ergibt, dass der Anspruch nicht besteht: B *hat* gegen A *keinen* Anspruch auf Herausgabe des Cabrios gemäß § 985 BGB.

Man kann sich bildhaft eine *Kette* vorstellen, die den Obersatz mit dem Schlusssatz verbindet. Die wichtigsten Glieder dieser Kette sind die Tatbestandsmerkmale. Die Tatbestandsmerkmale des § 985 BGB sind: „Sache", „Eigentümer" und „Besitzer". Du findest sie in den „Schemata" Band II unter „Dingliche Ansprüche" und natürlich in § 985 BGB selbst (lesen!).

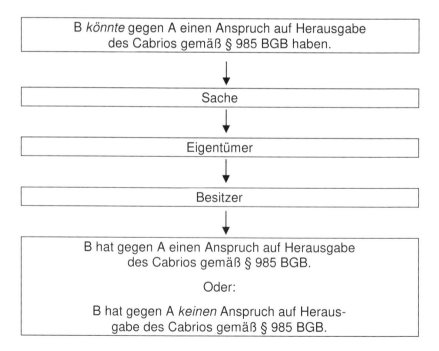

Ist auch nur eines dieser Glieder „defekt", z.B. der Frau A ist das Cabrio zwischenzeitlich gestohlen worden, so dass sie nicht mehr dessen Besitzerin ist, lautet das Ergebnis: B hat gegen A *keinen* Anspruch auf Herausgabe des Cabrios aus § 985 BGB. Also: Wenn B den Wagen erfolgreich herausverlangen will, dann müssen wirklich alle Glieder dieser Kette „in Ordnung" sein.

Die Subsumtion läuft immer in *vier* Schritten ab:
1. **Obersatz:** Das Tatbestandsmerkmal X nennen, das jetzt geprüft wird.
2. **Definition:** Was versteht man unter einem X? Welche Voraussetzungen müssen erfüllt sein, damit X gegeben ist?
3. **Subsumtion**: Erfüllt der konkrete Sachverhalt die abstrakten Voraussetzungen von X?
4. **Schlusssatz:** Das Tatbestandsmerkmal X ist *also* erfüllt. Oder: Das Tatbestandsmerkmal X ist *folglich* nicht erfüllt.

Auf den Fall bezogen:

„Sache"

1. **Obersatz**: Das Cabrio müsste eine Sache sein.
2. **Definition/ Voraussetzung**: Sachen sind gemäß § 90 BGB körperliche Gegenstände.
3. **Subsumtion**: Ein Cabrio kann man anfassen. Es ist also ein körperlicher Gegenstand.
4. **Schlusssatz:** *Also* ist das Cabrio eine Sache.

„Besitz"

1. **Obersatz**: Die Frau A müsste Besitzerin des Cabrios sein.
2. **Definition/ Voraussetzung**: Besitzer ist gemäß § 854 I, wer die tatsächliche Gewalt über die Sache ausübt. Erforderlich hierzu ist ein räumliches Herrschaftsverhältnis über die Sache und ein Besitzwille.
3. **Subsumtion**: Frau A hat den Wagen bei sich zu Hause stehen und damit die Einwirkungsmöglichkeit. Sie verfügt auch über einen Besitzwillen.
4. **Schlusssatz:** Frau A ist *folglich* Besitzerin des Cabrios.

„Eigentum"

1. **Obersatz**: Der Herr B müsste Eigentümer des Cabrios sein.
2. **Definition/ Voraussetzung**: Ursprünglich war B Eigentümer. Voraussetzung dafür, dass er jetzt noch Eigentümer ist, ist, dass er es nicht an Frau A verloren hat.

1. **Obersatz**: Frau A könnte das Eigentum am Cabrio gemäß § 929 S. 1 von H erworben haben.
2. **Definition/ Voraussetzung**: Frau A müsste sich mit H geeinigt haben, H müsste ihr den Wagen übergeben haben und Berechtigter gewesen sein.

„Einigung"

1. **Obersatz**: Fraglich ist, ob eine Einigung zwischen A und H vorliegt.
2. **Definition/ Voraussetzung**: Eine Einigung kommt zustande durch zwei übereinstimmende Willenserklärungen, nämlich Angebot und Annahme.
3. **Subsumtion**: A hat das Angebot des H auf Übertragung des Eigentums am Cabrio angenommen.
4. **Schlusssatz**: Eine Einigung von A und H liegt *also* vor.

„Übergabe"

1. **Obersatz**: Der H müsste der A den Wagen übergeben haben.
2. **Definition/ Voraussetzung**: Für eine Übergabe ist erforderlich, dass der Erwerber den unmittelbaren Besitz an der Sache erlangt und der andere ihn vollständig verliert.
3. **Subsumtion**: A hat den Wagen nach Hause mitgenommen und dadurch den unmittelbaren Besitz erlangt.
4. **Schlusssatz**: Eine Übergabe gemäß § 929 S. 1 liegt *somit* vor.

Anmerkung: Die „Einigung" und die „Übergabe" wird hier nur deshalb so ausführlich geprüft, damit die Subsumtionsmethode deutlich wird. Da zu beiden Prüfungspunkten im Sachverhalt keine besonderen Angaben gemacht werden, sie also *unproblematisch* sind, würde es genügen, zu schreiben, dass H und A sich *geeinigt* haben und das Cabrio *übergeben* wurde. Wer mehr schreibt, riskiert Punkteabzug!

45

„Berechtigung"

1. **Obersatz**: Fraglich ist, ob H Berechtigter war.
2. **Definition/ Voraussetzung**: Berechtigter ist grundsätzlich nur der Eigentümer.

    1. **Obersatz**: Zu prüfen ist, ob H Eigentum am Cabrio erworben hat. H könnte das Eigentum gemäß § 929 S. 1 vom Dieb D erworben haben.

    2. **Definition/ Voraussetzung**: H und D müssten sich geeinigt haben, D müsste den Wagen übergeben haben und D müsste Berechtigter gewesen sein.

„Einigung"

    1. **Obersatz**: Zu untersuchen ist, ob H und D sich geeinigt haben.

    2. **Definition/ Voraussetzung**: Eine Einigung kommt zustande durch zwei übereinstimmende Willenserklärungen, nämlich Angebot und Annahme.

    3. **Subsumtion**: H hat das Angebot des D auf Übertragung des Eigentums angenommen.

    4. **Schlusssatz**: H und D haben sich *demnach* geeinigt.

„Übergabe"

    1. **Obersatz**: Der D müsste dem H das Cabrio übergeben haben.

    2. **Definition/ Voraussetzung**: Für eine Übergabe ist Voraussetzung, dass der Erwerber den Besitz erwirbt und der Veräußerer ihn vollständig verliert.

    3. **Subsumtion**: H hat den Besitz am Wagen erworben, der D ihn verloren.

    4. **Schlusssatz**: Eine Übergabe von H an D liegt *daher* vor.

Anmerkung: Zur Einigung und Übergabe gilt das oben Angemerkte.

„Berechtigung"

1. **Obersatz**: Der D müsste Berechtigter gewesen sein.
2. **Definition/ Voraussetzung**: Berechtigter ist grundsätzlich nur der Eigentümer.
3. **Subsumtion**: D hatte den Wagen gestohlen. Er war somit nicht dessen Eigentümer.
4. **Schlusssatz**: D war *folglich* Nichtberechtigter.

„Guter Glaube"

1. **Obersatz**: Obwohl der D nicht Eigentümer des Wagens war, hat H dennoch Eigentum daran Erworben, wenn H gutgläubig war, § 932 I.
2. **Definition/ Voraussetzung**: Gutgläubig ist gemäss § 932 II derjenige, dem nicht bekannt oder grobfahrlässig unbekannt ist, dass die Sache nicht dem Veräußerer gehört.
3. **Subsumtion**: Der H wusste, dass D den Wagen gestohlen hatte und demnach nicht dessen Eigentümer war.
4. **Schlusssatz**: H hat das Eigentum am Cabrio *also* nicht gutgläubig gemäß § 932 I erworben.

3. **Subsumtion**: H war nicht Eigentümer des Cabrios.
4. **Schlusssatz**: H war *somit*, als er der A das Cabrio übereignete, *Nichtberechtigter.*

1. **Obersatz**: Fraglich ist, ob die A das Cabrio gutgläubig gemäß § 932 I vom Nichtberechtigten H erworben hat.
2. **Definition/ Voraussetzung**: Die A war gemäß § 932 II in gutem Glauben, wenn ihr weder bekannt, noch grobfahrlässig unbekannt war, dass das Cabrio dem H nicht gehörte.
3. **Subsumtion**: Die A wusste nicht, dass das Cabrio gestohlen war. Da die Fahrzeugpapiere echt aussahen, bestand auch kein Anlass für sie, am Eigentum des H zu zweifeln und weitere Nachforschungen anzustellen.
4. **Schlusssatz**: Die A war *deshalb*, als sie das Eigentum von H erwarb, gutgläubig.

Hat Frau A also gutgläubig das Eigentum gemäß §§ 929 S.1, 932 erworben mit der Folge, dass B seins verloren hat? Rechtsanwalt L hatte mit Hilfe der Abwägungs-Methode ja bereits festgestellt, dass die A zwar in ihrem Vertrauen schutzwürdig ist, der B als bestohlener Eigentümer aber noch mehr Schutz verdient. Gefühlsmäßig war er deshalb zu dem Ergebnis gekommen, dass Herr B gegen Frau A eigentlich einen Anspruch auf Herausgabe haben müsste.

Wenn das Ergebnis anders ausfällt, als das Rechtsgefühl einem signalisiert, dann sollte man noch einmal im Gesetz nachsehen, ob man nicht irgendetwas übersehen hat. In unserem Fall hat L den § 935 BGB einfach übersehen: an gestohlenen Sachen kann man nämlich grundsätzlich kein Eigentum erwerben, auch dann nicht, wenn man gutgläubig war!

Ergebnis: trotz Gutgläubigkeit hat Frau A kein Eigentum am Cabrio erworben. B ist folglich Eigentümer des Wagens geblieben! Jetzt sind alle Glieder des § 985 endlich durchgeprüft: das Cabrio ist eine *Sache*, der B ist *Eigentümer* und die A *Besitzerin*. Der *Schlusssatz* lautet also: B kann von der A gemäß § 985 BGB Herausgabe des Golf-Cabrios verlangen. Rechtsanwalt L kann dem B jetzt freudig mitteilen, dass der Herausgabeanspruch besteht und eine etwaige Klage vor Gericht erfolgversprechend wäre.

Wer mehr über die Falllösungstechnik wissen möchte, sollte sich zum *Strafrecht* 📖 *Geilen* in der Zeitschrift **Jura** 1979, Seite 536 und zum *Zivilrecht* 📖 *Brox* in der Zeitschrift **JA** 1987, Seite 169, 📖 *Hopf* in der Zeitschrift **Jura** 1992, Seite 225 und 📖 *Velte* in der Zeitschrift **Jura** 1980, Seite 193 ansehen. Tipps für Klausuren und Hausarbeiten gibt auch 📖 *Fahl,* **JA** 2008, 350.

▶ **Wie gewinne ich Schlüsselqualifikationen für später?**

Sicher, in deiner Freizeit ist Sport, Kino und Party angesagt, damit du einen Ausgleich zu deinem Dasein als reiner „Wissensakkumulator" hast. Allerdings lohnt es sich, nicht nur diesen klassischen Studentenbeschäftigungen nachzugehen, sondern sich *zusätzlich* – ehrenamtlich oder bezahlt - zu engagieren.

Denn wie soll ein Jurist später Fälle lösen, wenn er - überspitzt gesagt - nur von Biersorten und Kinofilmen Ahnung hat? Kurzum, dein Horizont weitet sich, wenn du auch in andere Bereiche hineinschnupperst. Hier sind ein paar Vorschläge, wo du dich einbringen kannst:

- An der Uni als studentische Hilfskraft, als Mitglied der Fachschaft Jura, im Studentenparlament, als Leiter einer Hochschulsportgruppe.
- Bei einer Zeitung oder einem Radiosender als freier Mitarbeiter, z.B. indem du über Gerichtsverhandlungen berichtest.
- In diversen Gruppen der katholischen oder evangelischen Hochschulgemeinde.
- Gruppen im Umweltbereich (z.B. Greenpeace).
- In einer Partei auf kommunaler Ebene. Motto: Wie funktioniert eigentlich die Kommunalpolitik in meiner Stadt?
- Falls du in einem Wohnheim wohnst: im Heimrat oder Fetenausschuss.
- Als Hilfskraft bei einem Rechtsanwalt, einer Werbeagentur (z.B. als Texter) oder einem Unternehmen (z.B. im Telefonmarketing).

Durch dein Engagement gewinnst du eine Menge dazu:
- Der Umgang mit unterschiedlichen Menschen führt (normalerweise) dazu, dass deine *Sozialkompetenz* steigt.
- Du lernst Leute aus anderen Semestern, Fachbereichen, Berufen kennen; häufig ergeben sich dabei neue *Freundschaften.*
- Du lernst etwas über *Gruppendynamik*, z.B. wie Entscheidungsprozesse in einer Gruppe ablaufen, wie du eigene Ideen einbringst und durchsetzt.
- Du schaffst *Kontakte*, die für deinen späteren Berufseinstieg oder eine Promotion wichtig sein können. Ein Professor wird natürlich seiner ehemaligen Lieblings-Hilfskraft eher eine Doktorandenstelle anbieten als irgendeinem Dahergelaufenen. Der Personalchef eines Radiosenders wird bei der Suche nach neuen Redakteuren diejenigen vorziehen, die bereits feurige Reportagen für den Sender produziert haben.
- Du sammelst Entscheidungshilfen für deine *Berufswahl*: Wäre diese Tätigkeit, z.B. Journalist, etwas für mich? Wür-

de ich mich gerne in einer bestimmten Richtung spezialisieren, z.B. im Umweltrecht, Steuerrecht?
- Welche besonderen *Fähigkeiten* besitze ich eigentlich? Da der Arbeitsmarkt voll von Juristen mit Standardqualifikationen ist und nur noch wenige in den „Traumberufen" im Staatsdienst unterkommen, ist eine frühzeitige Berufsorientierung ein entscheidender Wettbewerbsvorteil. Sogar promovierte Volljuristen haben heutzutage Probleme, eine Einstiegsstelle zu finden, wenn sie keine einschlägige Berufserfahrung vorweisen können, vgl. dazu 📖 *Gehrmann*, **JuS** 2003, Seite 513.
- Bei späteren Bewerbungen kannst du *soziales Engagement* vorweisen. Von denjenigen, die sich um ein Stipendium bewerben, wird dies in jedem Fall erwartet.

▶ **Lohnt sich der Besuch eines Repetitoriums vor dem Examen?**

Ein kommerzielles Repetitorium hat Vorteile...
- Es stellt den examensrelevanten Stoff zusammen und berücksichtigt dabei insbesondere Rechtsprobleme, die gerade aktuell sind. Die Uni vermittelt meist keinen derartigen Überblick. Vielmehr entscheiden oft die Vorlieben des jeweiligen Dozenten über die behandelten Themen.
- Psychisch vermittelt es *Sicherheit,* nämlich das Gefühl, sich umfassend auf das Examen vorbereitet zu haben. Das reduziert die *Angst* vor dem Examen. Böse Zungen bezeichnen kommerzielle Repetitorien deshalb auch als „das Geschäft mit der Angst".

....aber auch Nachteile
- Die Kosten: Du musst 6-12 Monate lang monatlich 100 bis 200 Euro bezahlen. Davon kann man eine Menge Skripten kaufen!
- Der Unterricht - dessen sind sich nur wenige Studenten bewusst - kostet viel Zeit und findet oft während deiner aufnahmefähigsten Phase (vormittags) statt. Kommt man dann nach Hause, ist man meist so k.o., dass man nicht mehr die Kraft für das Eigentliche hat: die *eigene* Nach-

arbeit. *Sie* entscheidet über den Erfolg oder Misserfolg deines Examens!

Man sollte daher nicht den Fehler begehen, bewusst oder unbewusst zu glauben, der regelmäßige Besuch des Repetitorunterrichts sichere das Bestehen des Examens. Ohne eigenen Einsatz läuft gar nix!

Wer besser unter Druck und Kontrolle von außen lernt, sollte zum Repetitor gehen. Wer dagegen über viel Selbstdisziplin verfügt und aus eigenem Antrieb hart arbeiten kann, sollte den Mut aufbringen, sich selbständig vorzubereiten. In **Teil 2** sind zu diesem Zweck Fundstellen von hochgradig examensrelevanten Aufsätze und Musterklausuren aufgelistet, die man sich kostenlos in der Uni-Bibliothek besorgen kann. Wie man (und frau!) ohne Repetitor ein Prädikatsexamen schafft, kannst du bei ⚲ *Burian/Schulze/Waldorf,* **JA** 1997, Seite 822 nachlesen. Konkrete Tipps geben ⚲ *Millgramm,* **Jura** 1980, Seite 521; *Odendahl,* **JuS** 1998, Seite 572 und ⚲ *Mutter,* **Jura** 1994, Seite 446. Laut ⚲ *Katzenstein,* **Jura** 2006, Seite 418 ist der Besuch eines Repetitors zum erfolgreichen Abschluss des Studiums nicht erforderlich.

Bevor du dich für ein Repetitorium entscheidest, solltest du (ruhig mehrmals) probe hören und überprüfen, wie gut die Qualität des Vortrags ist und ob du mit den schriftlichen Unterlagen klarkommst. Außerdem solltest du nachfragen, ob du jederzeit wieder aussteigen kannst. Bei manchen Repetitorien muss die gesamte Kursgebühr am Anfang gleich komplett gezahlt werden - ein teurer Spaß, wenn du nach ein paar Wochen feststellst, dass du dich doch lieber selbstständig vorbereiten möchtest.

▶ **Wie meistere ich mein Examen?**

No risk, no fun...

Manche Studenten melden sich nach acht Semestern zum Examen, andere nach zehn und wieder andere nie. Letzteren, obwohl fachlich manchmal überdurchschnittlich begabt, fehlt eine Eigenschaft, die schon in grauer Vorzeit die erfolgreichen Jäger von den weniger erfolgreichen unterschied: die Mut- und Risikobereitschaft.

Wer nicht bereit ist, sich selbst zu überwinden und das Wagnis „Examen" einzugehen, der kann natürlich auch nicht erfolgreich sein.

Einfach unberechenbar...
Das Examen ist für Jede(n) Neuland. Es birgt in der Tat zahlreiche Risiken. Nicht vorhersehbar ist, ob
- ich an den Klausurtagen und während der Hausarbeitszeit körperlich und seelisch fit sein werde.
- mir in den Klausuren, der Hausarbeit und in der mündlichen Prüfung bekannte, teilweise bekannte oder unbekannte Rechtsprobleme begegnen werden.

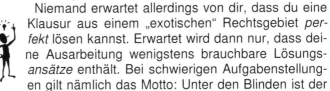

Niemand erwartet allerdings von dir, dass du eine Klausur aus einem „exotischen" Rechtsgebiet *perfekt* lösen kannst. Erwartet wird dann nur, dass deine Ausarbeitung wenigstens brauchbare Lösungs*ansätze* enthält. Bei schwierigen Aufgabenstellungen gilt nämlich das Motto: Unter den Blinden ist der Einäugige König!

- die Hausarbeit, meine Leistung im Mündlichen und meine Klausuren eher streng oder eher wohlwollend bewertet werden. Bei 90 % der Prüfer kannst du allerdings davon ausgehen, dass sie grundsätzlich eher wohlwollend eingestellt und sich ihrer Verantwortung bewusst sind. Welches Interesse sollten sie daran haben, dich schlecht zu beurteilen?

Insgesamt lässt sich leider überhaupt nicht vorhersagen, wie gut oder wie schlecht das Examen laufen wird. Vielen Studenten bereitet das ein unangenehmes Gefühl, manchmal auch Ängste und schlaflose Nächte. Kann man diese Ängste bewältigen oder wenigstens reduzieren?

Sorge dich nicht...
Es gibt verschiedene Methoden, um Ängste und Sorgen in den Griff zu kriegen.

1. Frühere Erfahrungen nutzen

Sicher erinnerst du dich an deine Prüfungen im Abitur und in den Übungsklausuren an der Uni. Du hast sie alle überstanden und sie haben dir gezeigt, dass du in der Lage bist, eine Prüfung erfolg-

52

reich zu bewältigen. Indem du dich an deine früheren Erfahrungen erinnerst, vergegenwärtigst du dir, dass du auch das Examen schaffen kannst.

2. Die Perspektive wechseln

Auch ein Perspektivenwechsel kann dir helfen, mit Sorgen und Ängsten besser klarzukommen. Vergleiche deine Ängste mit den Problemen und Sorgen *anderer* Menschen, indem du dir *deren* Schicksal anschaust. Besonders deutlich ist in dieser Hinsicht das Lied „Streets of London" von Ralph McTell. Der Refrain lautet:

> „So how can you tell me, you're lonely
> and say for you that the sun don't shine?
> Let me take you by the hand
> and lead you through the streets of London,
> I will show you something[1]
> to make you change your mind!"

Wenn ich sehe, dass andere ein viel schwierigeres Los gezogen haben als ich selbst, dann relativiert sich meine Sorge und ich kann dankbar sein für alles, was ich bin und was ich habe. Du kannst die Perspektive auch wechseln, indem du dich *selbst* aus kritischer *Distanz* betrachtest. Dazu kannst du folgende Zeitreise unternehmen:

> „Gehe nun in Gedanken in deine Zukunft, hin zu dem Tag, an dem du dein Examen erfolgreich abgeschlossen haben wirst. Und während du nun auf die vergangenen Wochen und Monate zurückblickst, betrachtest du dich selbst, wie du mit ernster, sorgenvoller Miene deine Tage verbracht hast, und fragst dich, ob es nicht *wohltuender* und *angenehmer* gewesen wäre, wenn du auf die Prüfung *entspannt* und mit *Zuversicht* zugegangen wärest. Nachdem du diese Perspektive eingenommen hast, merkst du vielleicht, dass es besser ist, sich auf das Examen positiv und mit einem guten Gefühl einzustellen".

3. Das Unausweichliche akzeptieren

Eine weitere Möglichkeit, Sorgen kontrollierbar zu machen, besteht darin, sich vor Augen zu führen, dass du an manchen Fakten nichts ändern kannst. Du *wirst* irgendwann mehrere Klausuren

---

[1] Gemeint sind Obdachlose.

evtl. eine Hausarbeit und eine mündliche Prüfung absolvieren. Die Prüfer *werden* dich beurteilen. Daran *kannst* du nichts ändern. Das Einzige, was du ändern kannst, ist die Art und Weise, wie du auf die Situation *reagierst*. Es ist wie in einem Stau auf der Autobahn: Wenn du mitten im Stau stehst, kannst du dich natürlich furchtbar aufregen, einen knallroten Kopf kriegen und anfangen, zu schimpfen. An dem Stau ändert das gar nichts. Ein Stau bleibt ein Stau, bleibt ein Stau, bleibt ein Stau...

Was das Examen anbelangt, kannst du deine Erfolgschancen erhöhen, indem du dich solide vorbereitest, so dass du dir sagen kannst: "Ich habe mich gründlich vorbereitet und besitze ein breitgefächertes Grundlagen- und Methodenwissen. In der Klausur werde ich mein *Bestes* geben, das Beste, das ich an *diesem* Tag, in *dieser* Situation geben kann. Alles Weitere entzieht sich meinem Einfluss."

4. Die Wahrscheinlichkeit ermitteln

'Mal Hand aufs Herz: Es mag zwar sein, dass nicht vorhersehbar ist, wie das Examen ausgehen wird. Aber wie hoch ist die Wahrscheinlichkeit, dass es schief läuft? Wenn du deine Scheine und die Übungsklausuren einigermaßen hinbekommen hast, warum sollte dann jetzt im Examen auf einmal alles daneben gehen? Sollte das Examen nicht so ausgehen, wie du es dir vorgestellt hast, kannst du außerdem immer noch einen Verbesserungsversuch starten, wenn du den „Freischuss" gemacht hast. Ist doch sehr beruhigend, oder?

Der Countdown läuft...
Ca. 4 Wochen vor den Klausuren darfst du dich richtig wichtig fühlen: das Justizprüfungsamt lädt dich zu den Klausuren! Spätestens jetzt solltest du mit der *mentalen* Examensvorbereitung beginnen. Im Examen werden die Karten nämlich neu gemischt. Nun kommt es nicht mehr allein auf die fachliche Kompetenz, sondern vor allem auch auf gute Nerven an. Einige meiner Kommilitonen, die bei den Übungen immer top waren, beendeten das Examen mit einem enttäuschenden Ergebnis und blieben weit hinter ihren Möglichkeiten zurück. Andere wiederum, die sich mehr schlecht als recht durch die Übungen geschlagen hatten, standen plötzlich mit einer beeindruckenden Punktzahl da, die ihnen vorher nie-

mand zugetraut hätte. Offenbar gab es einen Unterschied in der Art und Weise, wie sie sich auf die Situation vorbereitet hatten...

Das Flugzeug stürzte ab...

Während meines Studiums hatte ich von einer Untersuchung über Menschen gelesen, die schwere Flugzeugunglücke überlebt hatten. Ein Psychologe hatte die Überlebenden interviewt und wollte wissen, wie sie es geschafft hatten, sich trotz des Durcheinanders um sie herum aus den Trümmern zu befreien. Zahlreichen anderen Passagieren war dies nämlich nicht gelungen. Eine Möglichkeit, zu üben, wie man sich aus einem Flugzeugwrack befreit, hatte keiner der Passagiere vorher gehabt.

Wie bereitet man sich darauf vor, etwas zu tun, was man noch nie getan hat? Viele der Überlebenden erklärten, dass sie bereits im Vorfeld in Gedanken immer wieder so etwas wie eine mentale „Generalprobe" durchgeführt hätten. Dabei hätten sie vor ihrem inneren Auge das Bild gesehen, wie sie ihre Gurte lösten, aufstanden, zwischen den Sitzen zum nächsten Notausgang liefen und die Notrutsche herunterrutschten.

Diesen Ablauf hatten sie sich so immer wieder vorgestellt, bis sie schließlich das Gefühl hatten, den Notausstieg schon oft durchgeführt zu haben. Anders als die anderen Passagiere, die sich keine Gedanken gemacht hatten, mussten sie daher nach der Bruchlandung nicht lange überlegen, was sie nun tun sollten.

Mentale Vorbereitung auf das Examen...

Eine optimale Vorbereitung auf das Examen läuft ganz ähnlich ab. Sobald dir der Klausur-Ort bekannt ist, fährst du dorthin und machst dich mit den Räumlichkeiten vertraut. Die Zeit, die du für die Fahrt benötigst, notierst du für die spätere Zeitplanung. Zu einer ruhigen Stunde, z.B. abends, wenn du im Bett liegst, stellst du dir immer wieder vor, wie der Klausurtag ablaufen wird: aufstehen, Zähne putzen, anziehen, frühstücken, Gesetzestexte und Personalausweis einpacken, auf das Fahrrad oder ins Auto steigen, losfahren, ankommen, in der Liste nachsehen, welcher Klausurtisch dir zugewiesen ist, die Gesetze auspacken usw.

Dann kannst du dir vorstellen, wie du gelassen und entspannt an deinem Tisch sitzt, zu deinen Kommilitonen an den Nachbartischen herüberschaust und innerlich ganz ruhig bist, weil dir wegen des Freischusses ja gar nichts passieren kann und dir bei 5 Stunden außerdem genug Zeit bleibt, um in Ruhe nach einer Lösung zu suchen. Am Prüfungstag hast du dann das Gefühl, dass dir der ganze Ablauf ziemlich bekannt vorkommt und kannst deine Aufmerksamkeit vollständig auf das Lösen der Klausur richten.

Die Examenshausarbeit...
Die früher obligatorische Examenshausarbeit ist mittlerweile durchgehend abgeschafft worden. An ihre Stelle sind zusätzliche Examensklausuren getreten.

Die mündliche Prüfung...
In den meisten Bundesländern schickt dir das Prüfungsamt ca. 3-10 Wochen nach der letzten Klausur einen vorläufigen Termin für die mündliche Prüfung.

 Spätestens jetzt solltest du beim Prüfungsamt den Antrag stellen, bei einer mündlichen Examensprüfung zuzuhören, damit du dich auf deine eigene Prüfung mental vorbereiten kannst.

 Ca. 14 Tage vor deiner mündlichen Prüfung erhältst du vom Prüfungsamt etwa folgenden Brief:

„Sie werden hiermit zur mündlichen Prüfung am 17.10.2017 geladen. Die Prüfung findet statt im Saal 125 des Justizprüfungsamtes Düsseldorf.

Die Prüfungskommission setzt sich wie folgt zusammen:

Prof. Dr. Baumann, Öffentliches Recht, Vorsitzender
Richter am OLG Kohle, Zivilrecht
Staatsanwalt Schuldig, Strafrecht

Bitte halten Sie sich ab 9.20 Uhr für das Vorstellungsgespräch bereit."

Noch am gleichen Tag flitzt du zur Fachschaft und leihst dir gegen Kaution (meist 50 Euro) die Protokolle von Baumann, Kohle und Schuldig aus. Zu Hause kannst du nachlesen, welche Rechtsgebiete die einzelnen Prüfer bevorzugen und wie ihr Prüfungsstil ist. Typische Antworten, die die einzelnen Prüfer hören wollen, schreibst du dir auf, damit du das Wichtigste vor der Prüfung noch einmal schnell wiederholen kannst.

 .....uuund Action!
Beginn der mündlichen Prüfung ist meist gegen 9 Uhr. Der Vorsitzende des Prüfungsausschusses befragt in einem Einzelgespräch Jede(n) nach dem Berufsziel, Ausbildungsgang etc. Ziel des Gesprächs ist, einen persönlichen Eindruck vom Examenskandidaten zu gewinnen. Man sollte bei dieser Gelegenheit *Selbstbewusstsein* zeigen und *fachliche Kompetenz* ausstrahlen. Außerdem sollte man deutlich machen, welches Ergebnis man anstrebt.

 Wer wenige Vorpunkte hat, sollte zu erkennen geben, dass er bereit ist, *bis aufs Letzte* um das Bestehen *zu kämpfen* und alles zu geben. Befragt nach dem Berufswunsch, macht es einen guten Eindruck, wenn man eine konkrete Antwort geben kann.

Gegen 10 Uhr beginnt dann die eigentliche Prüfung. In manchen Bundesländern musst du zunächst einen ca. 10-minütigen Vortrag halten. Wie ein solcher aussieht und was dabei zu beachten ist, kannst du nachlesen bei 📖 *Koch*, **JA** 2009, Seite 263. Einen Mustervortrag aus dem Strafrecht findest du bei 📖 *Piper*, **JA** 2012, Seite 436. Im Anschluss daran sitzt du mit 4-5 Kandidaten an einer ca. 7 m langen Tischreihe. Vor jedem Prüfling befinden sich drei rote Gesetzessammlungen (Schönfelder, Sartorius I, Landesgesetze), Papier und ein Stift. Vor der Tischreihe der Prüflinge steht parallel eine weitere Tischreihe, an der dir 3-4 Prüfer gegenübersitzen.

Nachdem der Vorsitzende die einzelnen Prüfer vorgestellt hat, beginnt der erste mit der Schilderung eines Falles. Die Kandidaten machen sich Stichworte. Dann fragt der Prüfer, ob noch Unklarheiten zum Sachverhalt bestehen. Wer etwas nicht verstanden hat, sollte das jetzt sagen! Ansonsten wird es später schwierig, dem Prüfungsgespräch zu folgen. Nun wird der erste Prüfling gefragt, wie er den Fall lösen würde. Erwartet wird keine vollständige Lösung, sondern ein brauchbarer *Ansatz*. Die Prüfer wollen in der mündlichen Prüfung vor allem sehen, *wie* jemand an einen Fall herangeht.

 Der oberste Grundsatz ist, auf gestellte Fragen immer zu antworten, nie zu schweigen. Wer die konkrete Frage nicht beantworten kann, macht einfach naheliegende Ausführungen. Der Prüfer wird dann im Regelfall weiterhelfen.

 Wer den geschilderten Fall bereits aus den Protokollen der Fachschaft kennt, sollte trotzdem so tun, als würde er das Problem gerade erst entwickeln. Für auswendig Gelerntes gibt's in der mündlichen Prüfung nämlich keine Punkte!

Wenn der erste Prüfling ein paar Erörterungen gemacht hat oder nicht weiter weiß, kommt der nächste dran. Üblicherweise ist dies der neben ihm sitzende. Es kann aber auch passieren, dass ein ganz anderer Kandidat bzw. eine andere Kandidatin den Fall fortführen soll. Der Prüfer fragt ihn bzw. sie dann plötzlich: „Herr bzw. Frau X, was meinen Sie zu diesem Problem?". Jetzt kommt es darauf an, gelernt zu haben, die Gedankengänge anderer nachzuvollziehen, sich eine eigene Meinung zu bilden und geistesgegenwärtig zu reagieren.

Nach ca. 1 Stunde beginnt der nächste Prüfer mit seinem Fall. Mittags wird meist etwa eine Stunde lang Pause gemacht. Die Prüfung selbst dauert insgesamt fünf Stunden. Gute Ergebnisse wird nur derjenige erzielen, der gelernt hat, die ganze Zeit über konzentriert die Diskussion mitzuverfolgen. Diese Fähigkeit lässt sich im Studium, insbesondere in privaten Arbeitsgemeinschaften trainieren. Gegen 16 Uhr ist die Prüfung beendet. Die Prüfer beraten sich 20-40 Minuten und teilen dann die Ergebnisse mit.

Sicher merkst du anhand der Schilderung, dass du am Prüfungstag physisch und psychisch 100 % ig fit sein musst. Deine Fitness ist viel wichtiger, als irgendwelches Detailwissen, das in der Prüfung sowieso nicht abgefragt wird. Deshalb die letzten beiden Tage vor der Prüfung die Bücher beiseite legen, Freunde treffen, spazieren gehen und entspannen!

Wenn du schon jetzt eine Vorstellung davon entwickeln möchtest, wie ein typisches Prüfungsgespräch abläuft, sieh' dir einfach den strafrechtlichen Prüfungsdialog bei *Hofmann,* **JA** 1995, Seite 504 und das Interview in **JA** 2008, Seite VI an. Weitere Informationen zur mündlichen Prüfung findest du kostenlos auf **www.niederle-media.de** unter „Jurastudium".

▶ Wie ernähre ich mich optimal?

Immer wieder erreichen mich E-Mails von LeserInnen, in denen gefragt wird, was ein Jura-Ratgeber denn bitteschön mit dem Thema Ernährung zu tun habe. Die Antwort ist ganz einfach: Als aktiver Sportler (Radrennsport und Langstreckenlauf) habe ich während meines Studiums die Erfahrung gemacht, dass die Ernährung die körperliche und geistige Leistungsfähigkeit erheblich beeinflusst - sowohl positiv wie auch negativ.

Um das Ganze etwas plastischer zu machen, möchte ich nun zunächst der Frage nachgehen, warum wir eigentlich essen. Ich will gar nicht lange rumfackeln. Wir essen 1), weil es uns Spaß macht und 2), weil wir unseren Körper fit halten wollen.

Über Latzhosenträger und Konsumtypen...
Jeden dieser beiden Aspekte kann man übertreiben. Der „körnerfressende" Öko in Birkenstocks und Latzhose isst ausschließlich, um seine Gesundheit zu erhalten. Mit griesgrämigem Gesicht stopft er seinen Körnerbrei in sich hinein. Der schmeckt zwar nicht, aber dafür ist er ja gesund. Genuss und Spaß sind für den Latzhosen-Öko Fremdworte, ja Sünde. Die extreme Gegenposition ist der Konsumtyp. Er genießt das Leben, stopft Schokopudding, Pommes mit Mayo und Sahnetorte endlos in sich hinein.... bis er irgendwann platzt. In jedem Fall wird er früher oder später körperlich (und geistig!) ziemlich schwerfällig und hat dann praktisch keine Power mehr.

Ziel muss es daher sein, zwischen dem „Genuss" und der „Gesundheit" eine ausgewogene Mittelposition zu finden! Sportlern wird empfohlen, hierbei in zwei Schritten vorzugehen.

Der **erste Schritt** besteht darin, minderwertige Nahrungsmittel zu meiden.

Minderwertige Nahrungsmittel sind u.a.:
- zuckerhaltige Speisen und Getränke (z.B. Limonade, Nougatcreme)
- Weißmehlprodukte (z.B. Weißbrot, Brötchen, Toast)
- geschälter Reis
- stark fetthaltige Speisen (z.B. paniertes Schnitzel, Wurst, fetter Schinken)
- tiefgekühlte Mikrowellenprodukte, Konserven.

Im **zweiten Schritt** werden diese Nahrungsmittel durch *vollwertige* ersetzt. Vollwertige Nahrungsmittel sind z.b.
- Vollkornbrot, Naturreis, Vollkornnudeln
- Kartoffeln
- Hülsenfrüchte (Erbsen, Bohnen, Linsen)
- Obst, Obstsäfte
- Joghurt, fettarmer Käse, Quark
- Butter, Sonnenblumenöl, Distelöl, Rapsöl
- Gemüse, z.B. Brokkoli, Möhren, Porree, Zucchini
- Salat.

Offen gestanden: Was wäre das Leben ohne Schokolade, Pommes und Sahnetorte? Diese Dinge machen das Leben schließlich erst lebenswert. Allerdings sollte die „große Linie", also das, was man regelmäßig und in größeren Mengen isst, schon vollwertig sein. „Toll", wirst du jetzt sagen, „hört sich ja alles wirklich überzeugend an, aber wie setze ich das im Studienalltag um?".

Starten kann man in den Tag z.B. mit einem kleingeschnittenen Apfel oder anderem Obst, über das man ein paar Esslöffel Naturjoghurt gibt. Joghurt ist nicht zuletzt deshalb so wertvoll, weil die darin enthaltenen *Milchsäurebakterien* sich im Darm ansiedeln und verhindern, dass „schädliche" Bakterien dort eindringen können. Damit tragen sie erheblich zu Gesundheit und Wohlbefinden bei.

Falls du mittags in der Mensa „tafelst", kannst du ja mal das Vollwertessen ausprobieren. Ausschlaggebend für deine Wahl sollte allerdings nicht das Etikett „vollwertig", sondern der Geschmack und dein Wohlbefinden sein. Dein Körper weiß viel besser als dein Kopf, was du gerade benötigst und signalisiert dir das durch den entsprechenden Appetit.

Erste Wahl sind außerdem selbstgemixte Salate und Gemüse. Da Gemüse leicht verdaulich ist, fühlst du dich nach dem Essen – anders als nach dem Essen von Fleisch - geistig klar und leistungsfähig. Wenn du das nicht glaubst, rate ich dir, bei nächster Gelegenheit einmal „Kassler mit Sauerkraut und Knödeln" zu bestellen. Danach bist du erst einmal für zwei Stunden außer Gefecht gesetzt und kannst vielleicht nachvollziehen, warum viele Hochleistungssportler, insbesondere Triathleten, Fleisch aus gesundheitlichen Gründen ganz aus ihrem Ernährungsplan gestrichen haben.

Die weiteren Nachteile von Fleisch gegenüber pflanzlichen Lebensmitteln (*ethische:* ein zu Leiden fähiges Lebewesen wird für meinen Genuss getötet; *ökonomische:* die Erzeugung von Fleisch kostet etwa zwölfmal soviel Energie wie die Erzeugung von pflanzlichen Lebensmitteln; *ökologische:* die Stoffwechselprodukte der Tierherden, z.B. Gülle, belasten die Umwelt erheblich) sollen an dieser Stelle nicht weiter vertieft werden.

Ein weiterer Aspekt, der für Gemüse und Salate spricht, ist das darin enthaltene *Wasser*. Ich will dich jetzt nicht wieder mit dem Biologie-Unterricht aus der 5. Klasse nerven und dir erzählen, dass alles Leben aus dem Wasser kommt, der Mensch zu 80 % aus Wasser besteht und Wasser deshalb für den Menschen sehr wichtig ist. Erwähnenswert ist aber, dass man jeden Tag 2 Liter Flüssigkeit zu sich nehmen soll, damit der Stoffwechsel vernünftig funktioniert. Und davon ist in Gemüse jede Menge.

Natürlich kann man den Bedarf auch decken, indem man täglich viel Mineralwasser trinkt. Im Gegensatz zu Mineralwasser enthält Gemüse aber jede Menge gut resorbierbare Mineralien, Vitamine, Enzyme und sogenannte "sekundäre Pflanzstoffe", die vor Krebs schützen sollen.

Falls du mal nicht in der Mensa essen, sondern dein Essen selbst kochen möchtest, hier als *Beispiel* ein ganz einfaches und schnelles Rezept: Wasser zum Kochen bringen, Vollkornreis bzw. -nudeln rein und dann 10 Minuten (Nudeln) bzw. 30 Minuten (Reis) kochen lassen. 5-6 Minuten vor dem Ende der Kochzeit kommt in den (kochenden) Topf noch etwas Gemüse, z.B. Brokkoli, Spinat, Porree etc., das dann mit den Nudeln bzw. dem Reis mitgekocht wird.

Während das Essen kocht, bereitest du die Soße vor, die hinterher über die Nudeln bzw. den Reis gekippt wird. Geht ganz schnell: 4 Esslöffel Joghurt oder Quark mit ein bisschen Wasser verdünnen, Shoyu (eine salzige Sojasauce, die es im Naturkostladen und in Asien-Läden gibt) oder Salz sowie ein paar Kräuter oder Gewürze (z.B. Thymian, Majoran, Petersilie, Knoblauch) dazu, umrühren, fertig!

Sobald die Nudeln gar sind, gibst du sie samt mitgekochtem Gemüse in ein Sieb, lässt das Kochwasser ablaufen, gibst alles auf einen Teller und schüttest die Soße darüber. Total einfach und wirklich schnell zu kochen! Wenn du im Computer der Uni- oder Stadtbibliothek die Schlagworte „Vollwerternährung", „Ernährung" oder „Trennkost" eingibst, findest du sicher weitere schmackhafte, alltagstaugliche Rezepte.

Fachlich fundierte Informationen von Ernährungswissenschaftlern zum Thema „gesunde Ernährung" sowie Rezepte gibt es im Internet unter www.ugb.de. Wer z.B. Fragen zum Thema „Fleisch" hat, klickt in der Leiste am linken Bildschirmrand zunächst auf *„Fachinfos"* und gibt dann oben im Feld *„Stichwortsuche"* den Begriff *„Fleisch"* ein. Für deine Gesundheit, dein Wohlbefinden und deine Leistungsfähigkeit lohnt es sich in jedem Fall, sich mit diesem Thema eingehender zu beschäftigen. Denn wie soll Turnvater Jahn schon vor über 100 Jahren gesagt haben:

„In einem gesunden Körper wohnt ein gesunder Geist."

▶ Teil 2: Top Fundstellen-Tipps

▶ 500 Klausuren, 300 Grundfälle, 50 Hausarbeiten

In diesem Teil geht es um die „Basics", grundlegende Themen also, die in Übungs- und Examensklausuren sowie Hausarbeiten immer wieder auftauchen und deshalb besonders klausurrelevant sind. Bei der Zusammenstellung habe ich mich darum bemüht, möglichst viele Fundstellen von gut strukturierten *Klausuren* und *Hausarbeiten* aufzunehmen, damit du das Lösen von Fällen trainieren kannst.

Um zu vermeiden, dass du deine kostbare Zeit mit Unwichtigem verschwendest, habe ich darauf geachtet, dass die Themengebiete der empfohlenen Klausuren, Hausarbeiten und Grundfälle zu 100% klausur- und examensrelevant sind. Es ist nämlich absolut nicht schwierig, *irgendwelche* Beiträge aufzulisten. Schwierig wird es erst dann, wenn aus der schier endlosen Literaturfülle die Beiträge herausgefiltert werden sollen, die dem Studenten einen messbaren Nutzen für die Übungen und das Examen bringen anstatt ihm - durch Abhandlung von Nebensächlichkeiten - seine kostbare Zeit zu stehlen. Gerade hier liegt die Stärke von *„500 Spezial-Tipps für Juristen".*

Natürlich sollte der Stoff auch gut verständlich und strukturiert aufbereitet sein. Deshalb stammen die Fundstellen fast vollständig aus den Ausbildungszeitschriften
- **JA** - Juristische Arbeitsblätter
- **JuS** - Juristische Schulung
- **Jura** - Juristische Ausbildung.

Diese Zeitschriften stehen, sortiert nach Jahrgängen (1975-2012), kostenlos in jeder Unibibliothek bereit. Wer zum ersten Mal in der Bibliothek ist, sollte einfach kurz beim Bibliothekspersonal nachfragen, wo sich dort z.B. die Zeitschrift „Jura" befindet.

Ein Hinweis zur Zitierweise: Singer **JA** 1998, 34 (38) *(Klausur)* bedeutet, dass die Klausur, die Herr Singer veröffentlicht hat, in der Zeitschrift „Juristische Arbeitsblätter" (JA), Jahrgang 1998, auf Seite 34 beginnt. Auf Seite 38 findest du das, was diese Klausur besonders prüfungsrelevant macht.

Achtung! In der **JA 1994** gibt es jede Seitenzahl dreimal (2 Teilbände)! Bei den etwas älteren Ausgaben der Zeitschrift **JA** gibt es außerdem die sogenannten „Übungsseiten", die in der Farbe *gelb* gehalten sind. Du erkennst sie bei der nachfolgenden Literaturauflistung an dem „Ü". Beispiel: Schwintowski, **JA** 1991, Ü 159.

Den sog. „Lernbogen" der Zeitschrift JuS findest du *am Ende* eines jeden JuS-Jahres-Bandes. Du erkennst ihn bei der nachfolgenden Literaturauflistung an dem „L". Beispiel: Schwarz, **JuS** 1987, L 85 (Klausur).

Viel Erfolg!

▶ Das ❶ Semester

 ▶ **BGB Allgemeiner Teil**

Studienbuch: BGB Allgemeiner Teil, ISBN 978-3-86724-031-4
Skript: Einführung in das Bürgerliche Recht, ISBN 978-3-86724-020-8
Skript: Definitionen für die Zivilrechtsklausur, ISBN 978-3-86724-028-4
Skript: Standardfälle Zivilrecht für Anfänger, ISBN 978-3-86724-000-0
MP3-CD: Basiswissen BGB AT, ISBN 978-3-86724-088-8
MP3-CD: Definitionen für die Zivilrechtsklausur, ISBN 3-936733-52-X
MP3-CD: Die wichtigsten Schemata Zivilrecht, ISBN 978-3-86724-014-7

☑ 16 Fragen zum BGB AT
 Schwintowski, **JA** 1991, Ü 57 (gelbe Seiten)

☑ Das Abstraktionsprinzip
 Schreiber/Kreutz, **Jura** 1989, 617 *(Grundlagenwissen)*
 Petersen, **Jura** 2004, 98 *(Grundlagenwissen)*

☑ Das Zustandekommen eines Vertrags, §§ 145 ff.
 und die invitatio ad offerendum
 Zwickel, **JA** 2010, Seiten 103 und 700 *(Anfänger-Klausuren)*
 Pläster, **JA** 2010, 496 *(Anfänger-Klausur)*
 Gergen, **JA** 2008, 335 *(Anfänger-Klausur)*
 Münch, **Jura** 2000, 31 *(Hausarbeit)*
 Meyer, **JA** 1997, 942 *(Klausur)*
 Annuß, **JA** 1996, 849 *(Klausur)*
 Scherer, **Jura** 1992, 606 *(Klausur)*
 Ahrens, **JuS** 1989, 553 *(Klausur)*

☑ Das Zustandekommen eines Vertrags beim *Internet-Einkauf*
 Daniel, **Jura** 2016, 1050 *(Anfänger-Klausur)*
 Wanderwitz, **JA** 2016, 653 *(Fortg.-Klausur)*
 Rühl/Schmidt, **Jura** 2012, 463 *(Anfänger-Klausur)*
 Keller/Purnhagen, **JA** 2011, 894 *(Anfänger-Klausur)*
 Dethloff, **Jura** 2003, 731; 798 *(Grundfälle)*
 Koch/Schimmel, **JA** 2006, 190 *(Fortg.-Klausur)*
 Lettl, **JA** 2009, 686 *(Examens-Klausur)*

☑ Die Zusendung unbestellter Waren und § 241a BGB
 Ulber, **JA** 2016, 255 *(Anfänger-Klausur)*
 Eckebrecht, **JA** 2005, 184 *(Fortgeschrittenen-Klausur)*
 Czeguhn/Dickmann, **JA** 2005, 587 *(Grundlagen)*

☑ Der Rechtsbindungswille, die Gefälligkeit
📖 Maihold, **JA** 1994, 2 Teilbände!, 89 *(Fallbesprechung)*

☑ Die falsa demonstratio
📖 Martinek, **JuS** 1997, 136 *(Grundlagenwissen)*
📖 Armbrüster, **JA** 1998, 937 (939) *(Klausur)*

☑ Abgabe und Zugang einer Willenserklärung, § 130
📖 Gergen, **JA** 2008, 335 *(Anfänger-Klausur)*
📖 Schreiber, **Jura** 2002, 249 *(Grundlagenwissen)*
📖 Haas, **JA** 1997, 116 *(Grundfälle)*

☑ Schweigen als Willenserklärung?
📖 Ebert, **JuS** 1999, 754 *(Grundlagenwissen)*
📖 Deckert, **JuS** 1998, 121 *(Grundlagenwissen)*
📖 Steding, **JA** 1998, 288 *(Grundlagenwissen)*
📖 Singer, **JA** 1998, 466 *(Klausur)*

☑ Zustandekommen eines Vertrags durch Stellvertreter, § 164
📖 Daniel, **Jura** 2016, 1050 *(Anfänger-Klausur)*
📖 Eisfeld, **JA** 2010, 416 *(Fortgeschrittenen-Klausur)*
📖 Lipp, **JuS** 2000, 267 *(Hausarbeit)*
📖 Lenenbach, **Jura** 1997, 653 *(Klausur)*
📖 Giesen/Hegermann, **Jura** 1991, 357 *(Grundlagenwissen)*
📖 Bydlinski/Dehn, **Jura** 1995, 316 *(Klausur)*
📖 Sonnenschein/Nawroth, **JA** 1996, 940 *(Klausur)*
📖 Singer-Müller, **Jura** 1988, 485 *(Klausur)*

☑ Die Anscheins- und Duldungsvollmacht
📖 Saenger/Scheuch, **JA** 2013, 494 *(Anfänger-Hausarbeit)*
📖 Forster, **Jura** 2011, 778 *(Klausur)*
📖 Schreiber, **Jura** 1997, 104 *(Grundfälle)*
📖 Müller/Doepner, **JA** 2005, 108 *(Klausur)*

☑ Abgrenzung der Identitäts- von der Namenstäuschung
📖 Schreiber, **Jura** 1998, 606 *(Grundlagenwissen)*

☑ Die Vollmacht
📖 Schlachter/Kunold, **Jura** 1996, 197 *(Anfänger-Hausarbeit)*
📖 Knoche, **JA** 1991, 281 *(Top-Grundlagenwissen)*

☑ Die Anfechtung einer ausgeübten Innenvollmacht
📖 Forster, **Jura** 2011, 778 *(Klausur)*
📖 Lipp, **JuS** 2000, 267 *(Hausarbeit)*
📖 Brox, **JA** 1980, 449 *(Grundlagenwissen)*

📖 Schwark, **JA** 1993, Ü 152 (gelbe Seiten) *(Klausur)*

☑ Die Eigenhaftung des Vertreters ohne Vertretungs-
macht, § 179
📖 Forster, **Jura** 2011, 778 *(Klausur)*
📖 Prölls, **JuS** 1986, 170 *(Grundlagenwissen)*
📖 Koch, **JuS** 1981, 126 *(Klausur)*

☑ Grundstückskauf und unwiderrufliche Vollmacht, §§ 125, 311b
📖 Guski, **Jura** 2011, 624 *(Hausarbeit)*
📖 Kollhosser, **JA** 1991, Ü 245 (gelbe Seiten) *(Klausur)*

☑ 20 Fragen zum Stellvertretungsrecht
📖 Schwintowski, **JA** 1991, Ü 159 (gelbe Seiten)

☑ Die Geschäftsfähigkeit, §§ 105 ff.
📖 Schreiber, **Jura** 1991, 24 *(Grundlagenwissen)*

☑ Das lediglich rechtlich vorteilhafte Rechtsgeschäft, § 107
📖 Coester-Waltjen, **Jura** 1994, 204 *(Grundlagenwissen)*
📖 Faust, **JA** 1994, Bd. 2, 25*(Klausur)*

☑ 17 Fragen zur Geschäftsfähigkeit
📖 Schwintowski, **JA** 1991, Ü 110 (gelbe Seiten)

☑ Die Gesamtbetrachtung von dinglichem und
schuldrechtlichem Geschäft bei § 181
📖 Obergfell, **JA** 2012, 178 *(Examens-Klausur)*
📖 Keller, **JA** 2009, 561 *(Grundlagen)*
📖 Röthel/Krackhardt, **Jura** 2006, 161 *(Grundlagen)*
📖 Menzel/Führ, **JA** 2005, 859 *(Grundlagen)*

☑ Die Schwarzfahrt eines Minderjährigen
📖 Harder, **NJW** 1990, 857 *(Grundlagenwissen)*

☑ Der Minderjährige im Schuld- und Sachenrecht
📖 Petersen, **Jura** 2003, 399 *(Grundlagenwissen)*

☑ Der Taschengeldparagraph, § 110
📖 Wolf, **Jura** 1992, 99 *(Klausur)*
📖 Muscheler, **Jura** 1995, 30 *(Hausarbeit)*
📖 Mehrings, **JuS** 1985, 633 *(Klausur)*
📖 Schünemann, **JuS** 1990, Lernbogen L 77 *(Klausur)*

☑ Der Wucher, § 138
📖 Lenenbach, **Jura** 1997, 653 (656) *(Klausur)*

66

☑ Die Sittenwidrigkeit von Ratenkreditverträgen
📖 Emmerich, **JuS** 1988, 925 *(Grundlagenwissen)*

☑ Die Berufung auf einen Formmangel als Treueverstoß
📖 Armbrüster, **JA** 1998, 937 (943) *(Klausur)*

☑ Der Inhalts-und Erklärungsirrtum
📖 Wanderwitz, **JA** 2016, 653 *(Fortg.-Klausur)*
📖 Keller, **JA** 2011, 894 *(Anfänger-Klausur)*
📖 Eisfeld, **JA** 2010, 416 *(Fortgeschrittenen-Klausur)*
📖 Coester, **Jura** 2006, 296 *(Klausur)*
📖 Annuß, **JA** 1996, 849 *(Klausur)*
📖 Scherer, **Jura** 1992, 607 *(Klausur)*
📖 Kornblum, **JuS** 1980, 259 *(Fallbesprechung)*
📖 Meyer, **JA** 1997, 942 *(Klausur)*

☑ Der Irrtum über wesentliche Eigenschaften
📖 Köhler/Fritsche, **JuS** 1990, 16 *(Grundlagenwissen)*

☑ Die arglistige Täuschung
📖 Ebke/Neumann, **Jura** 2000, 191 *(Klausur)*
📖 Löwisch, **Jura** 1998, 360 *(Klausur)*

☑ Wer ist Dritter iSd § 123 II?
📖 Sonnenschein, **Jura** 1993, 30 (34) *(Klausur)*
📖 Hemmer/Wüst, **JA** 1996, 762 (766) *(Klausur)*
📖 Stock, **JA** 1996, 739 *(Fallbesprechung)*

☑ 18 Fragen zum Irrtumsrecht
📖 Schwintowski, **JA** 1991, Ü 83 (gelbe Seiten)

☑ Allgemeine Geschäftsbedingungen (AGB), §§ 305 ff.
📖 Alexander, **JA** 2013, 418 *(Anfänger-Hausarbeit)*
📖 Zwickel, **JA** 2010, 103 *(Anfänger-Klausur)*
📖 Forgo/Amini, **JA** 2008, 21 *(Examens-Klausur)*
📖 Ackermann, **JA** 2006, 426 *(Klausur)*
📖 Schlosser, **Jura** 2003, 118 *(Klausur)*
📖 Mankowski, **Jura** 2005, 111 *(Klausur)*

☑ Die Auslegung, §§ 133, 157
📖 Schimmel, **JA** 1998, 979 *(Grundlagenwissen)*

▶ **Strafrecht Allgemeiner Teil**

Skript: Einführung in das Strafrecht AT, ISBN 978-3-86724-047-5
Skript: Standardfälle Strafrecht Anfänger Bd.1, ISBN 978-3-86724-040-6
Skript: Standardfälle Strafrecht Anfänger Bd.2, ISBN 978-3-86724-041-3
Skript: Definitionen für die Strafrechtsklausur, ISBN 978-3-86724-050-5
MP3-CD: Definitionen f. die Strafrechtsklausur, ISBN 978-3-86724-010-9
MP3-CD: Basiswissen Strafrecht AT, ISBN 978-3-86724-092-5

☑ Die Kausalität und objektive Zurechnung
☐ Kudlich, **JA** 2010, 681 *(Grundlagen)*
☐ v. Heintschel-Heinegg, **JA** 1994, 31; 126; 213 *(Kurzdarstellung)*
☐ Puppe, **Jura** 1997, 408, 519, 624 *(Ausführl. Grundfälle)*
☐ Otto, **Jura** 1992, 90 *(Grundfälle)*
☐ Krey/Fischer, **JA** 1997, 204 *(Klausur)*
☐ Kindhäuser, **JA** 1991, Ü 39 (gelbe Seiten) *(Klausur)*

☑ Die Selbstgefährdung
☐ Fahl, **JA** 1998, 105 *(Fallbesprechung)*

☑ Der Notstand, § 34 StGB
☐ Walter, **JA** 2012, 504 *(Anfänger-Hausarbeit)*
☐ Jahn, **JA** 2002, 560 *(Klausur)*
☐ Aselmann/Krack, **Jura** 1999, 254 *(Klausur)*
☐ Bergmann, **JuS** 1989, 109 *(Grundlagenwissen)*
☐ Samson, **JA** 1990, Ü 27 (gelbe Seiten) *(Klausur)*

☑ Die Notwehr, § 32 StGB
☐ Esser, **JA** 2013, 28 *(Anfänger-Klausur)*
☐ Walter, **JA** 2012, 504 *(Anfänger-Hausarbeit)*
☐ Kalkofen, **Jura** 2011, 229 *(Anfänger-Klausur)*
☐ Dreher, **JA** 2005, 789 *(Anfänger-Klausur)*
☐ Kudlich, **JuS** 2003, 32 *(Klausur)*
☐ Jahn, **JA** 2002, 560 *(Klausur)*
☐ Amelung, **JuS** 2000, 261 *(Hausarbeit)*
☐ Sternberg-Lieben **JA** 1996, 129; 299; 568 *(Grundfälle)*
☐ Kühl, **Jura** 1990, 244; **Jura** 1993, 57; 118; 233
☐ Haller/Steffens, **JA** 1996, 648 (655) *(Klausur)*
☐ Kretschmer, **Jura** 1998, 244 (245, 247) *(Klausur)*
☐ Vassilaki/Hütig, **Jura** 1997, 267 *(Klausur)*

📖 Riemenschneider, **Jura** 1996, 316, (319) *(Hausarbeit)*
📖 Mutschler, **Jura** 1995, 155 (157) *(Klausur)*
📖 Zacharias, **Jura** 1994, 207 (209) *(Klausur)*
📖 Geerds, **Jura** 1992, 544 *(Klausur)*
📖 Keunecke, **JA** 1994, 2 Teilbände!, 470 *(Klausur)*

☑ Die Notwehrprovokation
📖 Berz, **Jura** 2003, 205 *(Examens-Klausur)*
📖 Laubenthal, **JA** 2004, 39 *(Klausur)*
📖 Lesch, **JA** 1996, 833 *(Fallbesprechung)*

☑ Die Einwilligung und das Einverständnis
📖 Esser, **JA** 2012, 590 *(Anfänger-Klausur)*
📖 Hinderer, **JA** 2011, 907 *(Klausur)*
📖 Amelung, **JuS** 2001, 937 *(Grundlagenwissen)*
📖 Bergmann, **JuS** 1989, Lernbogen L 65

☑ Die Mutmaßliche Einwilligung
📖 Müller-Dietz, **JuS** 1989, 280 *(Grundlagenwissen)*
📖 Mitsch, **JA** 1999, 388 (395) *(Klausur)*

☑ Das Festnahmerecht, § 127 I StPO
📖 Ladiges, **Jura** 2011, 552 *(Examensklausur)*
📖 Gaul, **JA** 2011, 672 *(Fortgeschrittenen-Klausur)*
📖 **JA** 2010, 711 *(Fortgeschrittenen-Klausur)*
📖 Satzger, **Jura** 2009, 107 *(Grundlagenwissen)*
📖 Otto, **Jura** 2003, 685 *(Grundlagenwissen)*
📖 Walter, **Jura** 2002, 415 *(Examensklausur)*
📖 Schröder, **Jura** 1999, 10 *(Grundlagenwissen)*
📖 Stoffers, **JA** 1994 (2 Teilbände), 35 (41) *(Klausur)*

☑ Der entschuldigende Notstand, § 35
📖 Timpe, **JuS** 1984, 859; **JuS** 1985, 35; 117 *(Grundfälle)*
📖 Müller-Christmann, **JuS** 1995, Lernbogen (am E. d. JuS) L 65
📖 Mutschler, **Jura** 1995,155 (158) *(Klausur)*
📖 Roxin, **JA** 1990, 97; 137 *(Grundlagenwissen)*

☑ Der Notwehrexzess, § 33
📖 Schuster, **Jura** 2008, 228 *(Anfänger-Hausarbeit)*
📖 Sauren, **Jura** 1988, 567 *(Grundlagenwissen)*

☑ Die actio libera in causa
📖 Saal, **Jura** 1994, 153 *(Klausur)*
📖 Mutzbauer, **JA** 1997, 97 *(Fallbesprechung)*

☑ Das Unterlassungsdelikt
  📖 Hinderer, **JA** 2009, 25 *(Fortgeschrittenen-Klausur)*
  📖 Otto/Brammsen, **Jura** 1985, 530 *(Grundfälle)*
  📖 Beulke/Bachmann, **JuS** 1992, 737 *(Urteilsbesprechung)*
  📖 Hohmann/Matt, **Jura** 1990, 544 *(Hausarbeit)*

☑ Die Garantenstellung beim Unterlassungsdelikt
  📖 Nikolaus, **JA** 2005, 605 *(Grundlagen)*
  📖 Kretschmer, **Jura** 1998, 244 (249) *(Klausur)*
  📖 Murmann, **JuS** 1998, 630 *(Klausur)*
  📖 Haurand/Vahle, **JA** 1996, 466 *(Klausur)*
  📖 Saal, **Jura** 1996, 476 (478) *(Klausur)*
  📖 Fahl, **Jura** 1995, 654 (658) *(Klausur)*
  📖 Saal, **Jura** 1994, 153 (155) *(Klausur)*
  📖 Bernsmann, **JA** 1991, 126 (gelbe Seiten) *(Klausur)*

☑ Täterschaft und Teilnahme beim Unterlassungsdelikt
  📖 Sowada, **Jura** 1986, 399 *(Grundlagenwissen)*

☑ Der Versuch, §§ 22, 23
  📖 Putzke, **JuS** 2009, 894; 985; 1083 *(Grundfälle)*
  📖 Kudlich, **JuS** 2003, 32 *(Klausur)*
  📖 Langer, **Jura** 2003, 135 *(Anfänger-Klausur)*
  📖 Runte/Werner, **Jura** 1991, 40 *(Klausur)*
  📖 Ellbogen, **Jura** 1998, 483 (485) *(Hausarbeit)*
  📖 Rath, **JuS** 1998, 1006; 1106 *(Grundfälle)*
  📖 Rath, **JuS** 1999, 32; 140 *(Grundfälle)*
  📖 Berz, **Jura** 1984, 511 *(Grundlagenwissen)*

☑ Der untaugliche Versuch
  📖 Heinrich, **Jura** 1998, 393 *(Grundlagenwissen)*

☑ Das unmittelbare Ansetzen
  📖 Nix, **JA** 2015, 748 *(Klausur)*
  📖 Hohmann, **Jura** 1993, 321 *(Klausur)*
  📖 Fahl, **JA** 1999, 124 *(Grundlagenwissen)*

☑ Der Rücktritt, § 24
  📖 Schapiro, **JA** 2005, 615 *(Anfänger-Klausur)*
  📖 Kress/Weisser, **JA** 2006, 115 *(Fortg.-Klausur)*
  📖 Gropengießer, **Jura** 2003, 277 *(Anfänger-Klausur)*
  📖 Kudlich, **JuS** 1999, 240; 349; 449 *(Grundfälle)*
  📖 Lettl, **JuS** 1998, *Lernbogen* (am Ende der JuS) L 81
  📖 Saal, **JA** 1998, 564 *(Klausur)*
  📖 Bernsmann, **Jura** 1992, 491 (493, 495) *(Klausur)*

70

☐ Görtz, **Jura** 1991, 478 *(Klausur)*
☐ Hauf, **JA** 1995, 776 *(Grundlagenwissen)*

☑ Der Fehlschlag
☐ Hartmann, **JA** 1998, 948 (949) *(Klausur)*

☑ Die Gesamtbetrachtung der Einzelakte
☐ Schall, **JuS** 1990, 623 *(Grundlagenwissen)*

☑ Die Mittäterschaft, § 25 II
☐ Sonnen, **JA** 1997, 362 *(Urteilsbesprechung)*
☐ Kindhäuser, **JA** 1991, Ü 39 (gelbe Seiten) *(Klausur)*
☐ Kindhäuser, **JA** 1991, Ü 107 (gelbe Seiten) *(Klausur)*
☐ Seelmann, **JuS** 1980, 571 *(Grundlagenwissen)*

☑ Die sukzessive Mittäterschaft
☐ Riemenschneider, **Jura** 1996,316 (317) *(Hausarbeit)*

☑ Die mittelbare Täterschaft, § 25 I Alt 2
☐ Kühl, **Jura** 2012, 488 *(Anfänger-Klausur)*
☐ Murmann, **JA** 2008, 321 *(Grundlagenwissen)*
☐ Kretschmer, **Jura** 2003, 535 *(Grundfälle)*
☐ Thoss, **Jura** 1998, 425 *(Grundlagenwissen)*
☐ Saal, **JA** 1998, 563 (568) *(Klausur)*
☐ Fahl, **JA** 1995, 845 *(Fallbesprechung)*

☑ Die Anstiftung, § 26
☐ Sowada, **Jura** 1994, 37 (41) *(Klausur)*
☐ Vassilaki/Hütig, **Jura** 1997, 266 (268) *(Klausur)*
☐ Geppert, **Jura** 1997, 299; 358 *(Grundlagenwissen)*

☑ Die Beihilfe, § 27
☐ Fahl, **JA** 1997, 11 *(Fallbesprechung)*

☑ Grundfragen zu § 28 StGB
☐ Geppert, **Jura** 2008, 34 *(Grundlagenwissen)*
☐ Fischer/Gutzeit, **JA** 1998, 41 *(Grundlagenwissen)*

☑ Sich zu einem Verbrechen bereit erklären, § 30 II
☐ Nuzinger/Sauer, **JuS** 1999, 980 *(Klausur)*

☑ Der Tatbestandsirrtum, § 16
☐ Rath, **Jura** 1998, 539 *(Grundlagenwissen)*

☑ Die aberratio ictus, der error in persona
📖 Esser, **JA** 2013, 28 *(Anfänger-Klausur)*
📖 Sievert, **JA** 2012, 107 *(Anfänger-Klausur; Rose-Rosahl)*
📖 Kalkofen, **Jura** 2011, 229 *(Anfänger-Klausur)*
📖 Engelmann, **JA** 2010, 185 *(Anfänger-Klausur)*
📖 Schuster, **Jura** 2008, 228 *(Anfänger-Hausarbeit; Rose-Rosahl)*
📖 Daleman, **JA** 2004, 461 *(Klausur)*
📖 Gropengießer, **Jura** 2003, 277 *(Anfänger-Klausur)*
📖 Toepel, **JA** 1997, 556; 948 *(Grundfälle)*
📖 Koriath, **JuS** 1998, 215 *(Rose-Rosahl)*
📖 Streng, **JuS** 1991, 910 *(Rose-Rosahl)*
📖 Mitsch, **Jura** 1991, 373 *(Klausur)*
📖 Sowada, **Jura** 1994, 37 (40) *(Klausur)*

☑ Der Irrtum über den Kausalverlauf
📖 Riemenschneider, **Jura** 1996, 316 (320) *(Hausarbeit)*

☑ Der Erlaubnistatbestandsirrtum
📖 Esser, **JA** 2013, 28 *(Anfänger-Klausur)*
📖 Kühl, **Jura** 2012, 488 *(Anfänger-Klausur)*
📖 Gaul, **JA** 2011, 672 *(Fortgeschrittenen-Klausur)*
📖 **JA** 2010, 711 *(Fortgeschrittenen-Klausur)*
📖 Helmrich, **JA** 2006, 351 *(Examensklausur)*
📖 Schmelz, **Jura** 2002, 391 *(Grundlagenwissen)*
📖 Lesch, **JA** 1996, 504 (507) *(Grundlagenwissen)*
📖 Stoffers, **Jura** 1993, 376 *(Hausarbeit)*
📖 Graul, **JuS** 1992, Lernbogen L 49 *(Grundlagenwissen)*

☑ Der Verbotsirrtum, § 17
📖 **JA** 2010, 711 *(Fortgeschrittenen-Klausur)*
📖 Lesch, **JA** 1996, 504 *(Grundlagenwissen)*
📖 Otto, **Jura** 1990, 645 *(Grundlagenwissen)*
📖 Fahl, **JA** 1999, 8 *(Fallbesprechung)*

▸ Staatsrecht I (Staatsorganisationsrecht)

Studienbuch: Staatsorganisationsrecht. ISBN 978-3-86724-067-3
Skript: Basiswissen Staatsrecht I (Fra.-Antw.), ISBN 978-3-86724-070-3
Skript: Standardfälle Staatsrecht I, ISBN 978-3-86724-060-4
MP3-CD: Basiswissen Staatsrecht I, ISBN 978-3-86724-187-8
MP3-CD: Definitionen f. d. Klausur im Öff. R., ISBN 978-3-86724-085-7

☑ 10 Fragen zum Staatsorganisationsrecht
⌑ Rubel, **JA** 1991, Ü 135 (gelbe Seiten)

☑ Die Gesetzgebungszuständigkeit
⌑ Hebeler, **JA** 2010, 688 *(Grundlagenwissen)*
⌑ Burgi/Fiege, **Jura** 1999, 425 *(Klausur)*
⌑ Bartone, **Jura** 1997, 322 *(Klausur)*
⌑ Grupp, **JA** 1998, 671 *(Klausur)*

☑ Das Gesetzgebungsverfahren, Art. 76 ff. GG
⌑ Winterhoff, **JA** 1998, 666 *(Grundlagenwissen)*
⌑ Erichsen, **Jura** 1986, 337 *(Grundlagenwissen)*
⌑ Hobe, **JA** 1995, 575 *(Top-Grundlagenwissen)*
⌑ Nolte/Wernicke, **JA** 1993, Ü 57 (gelbe Seiten) *(Klausur)*
⌑ Odendahl, **JA** 1994, Bd. 2, 230 *(Klausur)*

☑ Das Einspruchs- und das Zustimmungsgesetz
⌑ Frotscher/Störmer, **Jura** 1991, 316 *(Klausur)*

☑ Die Zustimmung bei Art. 84, 85 GG
⌑ Erichsen, **Jura** 1998, 494 *(Grundlagenwissen)*

☑ Der Vorrang und der Vorbehalt des Gesetzes
⌑ Erichsen, **Jura** 1995, 550 *(Grundfälle)*
⌑ Wallrabenstein, **JA** 1998, 863 (869) *(Klausur)*
⌑ Wehr, **JuS** 1997, 231 *(Grundfälle)*

☑ Der Vertrauensschutz und das Rückwirkungsverbot
⌑ Peglau, **JA** 1996, 574 *(Top-Grundlagenwissen)*
⌑ Wernsmann, **JuS** 1999, 1177; **JuS** 2000, 39 *(Grundfälle)*

☑ Das Demokratieprinzip
⌑ Hobe, **JA** 1995, 43 *(Top-Grundlagenwissen)*

☑ Das Wahlrecht, Art. 38 GG
📖 Haensle, **Jura** 2015, 196 *(Klausur)*

☑ Das Bundesstaatsprinzip
📖 Hobe, **JA** 1995, 301 *(Top-Grundlagenwissen)*

☑ Das Rechtsstaatsprinzip
📖 Hobe, **JA** 1994, 2 Teilbände!, 394 *(Top-Grundlagenwissen)*
📖 Görisch, **JuS** 1997, 988 *(Grundlagenwissen)*

☑ Die Gewaltenteilung
📖 Wank, **Jura** 1991, 622 *(Grundlagenwissen)*
📖 Wrege, **Jura** 1996, 436 *(Grundlagenwissen)*

☑ Das Sozialstaatsprinzip
📖 Hobe, **JA** 1994, 563 *(Top-Grundlagenwissen)*

☑ Staatsziel Umweltschutz, Art. 20 a GG
📖 Westphal, **JuS** 2000, 339 *(Grundlagenwissen)*

☑ Der Organstreit
📖 Helm, **JA** 2013, 284 *(Anfänger-Klausur)*
📖 Ehlers, **Jura** 2003, 315 *(Grundfälle)*
📖 Ipsen/Epping, **Jura** 1994, 605 *(Klausur)*
📖 Wallrabenstein, **JA** 1998, 863 (869) *(Klausur)*
📖 Lüdemann, **JA** 1996, 959 (963) *(Klausur)*
📖 Detterbeck, **JA** 1991, Ü 195 (gelbe Seiten) *(Klausur)*

☑ Die abstrakte Normenkontrolle
📖 Haensle, **Jura** 2015, 196 *(Klausur)*
📖 Grupp, **JA** 1998, 671 *(Klausur)*
📖 Schaefer, **Jura** 1991, 436 *(Hausarbeit)*
📖 Soell, **JA** 1990, Ü 51 (gelbe Seiten) *(Hausarbeit)*
📖 Pache, **Jura** 1995, 151 *(Klausur)*
📖 Maurer, **JuS** 1987, *Lernb.* (am E. der JuS) L 89 *(Grundlagen)*

☑ Die konkrete Normenkontrolle
📖 Robbers, **JuS** 1994, 397 *(Grundlagenwissen)*€
📖 Maurer, **JuS** 1987, *Lernb.* (am E. der JüS) L 89 *(Grundlagen)*
📖 Jahn, **JA** 1991, 97 (gelbe Seiten) *(Hausarbeit)*

☑ Der Bund-Länder-Streit
📖 Kunig, **Jura** 1995, 262 *(Grundlagenwissen)*

74

☑ Das Völkervertragsrecht
📖 Kreuzer, **JA** 1998, 731 *(Grundlagenwissen)*
📖 Friehe, **JA** 1983, 117 *(Grundlagenwissen)*
📖 Zuleeg, **JA** 1983, 1 *(Grundlagenwissen)*

☑ Die Sperrklausel, die Überhangmandate
📖 Hobe, **JA** 1998, 50 *(Grundlagenwissen)*

☑ Der Untersuchungsausschuss, Art. 44 GG
📖 Mager, **Jura** 2003, 490 *(Klausur)*
📖 Schulte, **Jura** 2003, 505 *(Grundfälle)*
📖 Kunig, **Jura** 1993, 220 (222) *(Grundlagenwissen)*
📖 Lüdemann, **JA** 1996, 959 *(Klausur)*
📖 Dickert, **JA** 1990, Ü 218 (gelbe Seiten) *(Klausur)*

☑ Die Wahlrechtsgrundsätze, Art 38 I GG
📖 Lechleitner, **Jura** 2002, 602 *(Grundlagenwissen)*
📖 Erichsen, **Jura** 1983, 635; **Jura** 1984, 22 *(Grundlagenwissen)*
📖 Kunig, **Jura** 1994, 554 *(Grundlagenwissen)*

☑ Der Bundestag und der Bundesrat
📖 Hobe, **JA** 1995, 406 *(Top-Grundlagenwissen)*
📖 Blanke, **Jura** 1995, 57 *(Grundlagenwissen BRat)*

☑ Die Bundesregierung
📖 Kloepfer/Thull, **JuS** 1986, 394 *(Grundlagenwissen)*

☑ Der Bundespräsident
📖 Helm, **JA** 2013, 284 *(Anfänger-Klausur)*

☑ Hat der Bundespräsident ein materielles Prüfungsrecht?
📖 Grupp, **JA** 1998, 671 *(Klausur)*
📖 Erichsen, **Jura** 1985, 373; 424 *(Grundfälle)*
📖 Kunig, **Jura** 1994, 217 (220) *(Grundlagenwissen)*
📖 Erdemir, **JA** 1996, 52 *(Grundlagenwissen)*

☑ Die Gegenzeichnungspflicht gemäß Art. 68 I 3 GG
📖 Thiele, **JA** 2005, 871 *(Grundlagenwissen)*

☑ Die Finanzverfassung, die Sonderabgabe
📖 Walther, **JA** 1998, 373 *(Fallbesprechung)*
📖 Kluth, **JA** 1996, 260 *(Grundlagenwissen)*

▶ Das ❷ Semester

▶ Schuldrecht AT

Studienbuch: Schuldrecht AT, ISBN 978-3-86724-032-1
Skript: Standardfälle Zivilrecht für Anfänger, ISBN 978-3-86724-000-0
Skript: Standardfälle Schuldrecht, ISBN 978-3-86724-002-4
MP3-CD: Basiswissen Schuldrecht AT, ISBN 978-3-86724-098-7
MP3-CD: Die wichtigsten Schemata Zivilrecht, ISBN 978-3-86724-014-7

☑ Grundfälle zum neuen Schuldrecht (AT)
📖 Reischl, **JuS** 2003, 40; 250; 453; 667 *(Grundfälle)*

☑ Streitfragen im neuen Schuldrecht
📖 Schulze, **JuS** 2004, 265 *(Grundlagenwissen)*

☑ Das Vertretenmüssen
📖 Schmieder/Volz, **JA** 2005, 778 *(Grundlagenwissen)*

☑ Erfüllung durch Leistung an Minderjährige?
📖 Schreiber, **Jura** 1993, 666 *(Grundlagenwissen)*
📖 Petersen, **Jura** 2003, 399 *(Grundlagenwissen)*

☑ Die Erfüllung (§ 362) und ihre Surrogate
📖 Schreiber, **Jura** 1996, 328 *(Grundlagenwissen)*

☑ Der Rücktritt (§ 346) und seine Folgen
📖 Annuss, **JA** 2006, 184 *(Grundlagenwissen)*

☑ Die Aufrechnung, § 389
📖 Weber, **JuS** 1999, Lernbogen L 65 *(Grundlagenwissen)*
📖 Bacher, **JA** 1992, 200, 234 *(Grundlagenwissen)*
📖 Merle, **Jura** 1990, 536 *(Klausur)*

☑ Die Konkretisierung, § 243 II
📖 Lickleder, **JA** 1997, 24 *(Klausur, altes Recht)*

☑ Die Drittschadensliquidation
📖 Bernhard, **JA** 2012, 496 *(Examens-Klausur)*
📖 Goerth, **JA** 2005, 29 *(Grundlagen)*
📖 Homann, **JA** 1999, 978 *(Zu § 421 HGB)*
📖 Pöggeler, **JA** 1999, 505 (510) *(Zu § 421 HGB)*
📖 Steding, **JuS** 1983, 617 *(Klausur)*
📖 Alpmann/Schmidt, **JA** 1997, 292 (298) *(Klausur)*

76

☑ Die Unmöglichkeit
📖 Hilbig, **Jura** 2009 *(Klausur)*
📖 Löhnig, **JA** 2002, 127 *(Grundlagenwissen)*
📖 Meier, **Jura** 2002, 118 *(Grundlagenwissen)*
📖 v. Koppenfels, **JuS** 2002, 569 *(Top-Klausur)*

☑ Die Leistungsverzögerung
📖 Löhnig, **JA** 2002, 206 *(Grundlagenwissen)*
📖 Emmerich, **JuS** 1995, 123 *(Grundfälle)*
📖 Schreiber, **Jura** 1990, 193 *(Grundlagenwissen)*
📖 Jula, **JA** 1993, Ü 201 (gelbe Seiten) *(Grundlagenwissen)*

☑ Der Gläubigerverzug
📖 v. Koppenfels, **JuS** 2002, 569 *(Top-Klausur)*
📖 Lickleder, **JA** 1997, 24 *(Klausur)*

☑ Der Erfüllungsgehilfe, § 278
📖 Alpmann/Schmidt, **JA** 1997, 292 (294) *(Klausur)*
📖 Schreiber, **Jura** 1987, 647 *(Grundlagenwissen)*

▸ Die Pflichtverletzung

☑ Die Pflichtverletzung, § 280 (früher: PVV)
📖 Hilbig, **Jura** 2009, 856 *(Fortgeschrittenen-Klausur)*
📖 Löhnig, **JA** 2002, 31 *(Grundlagenwissen)*

☑ Die culpa in contrahendo (c.i.c.)
📖 Keilmann, **JA** 2005, 500 *(Grundlagenwissen)*
📖 Schwab, **JuS** 2002, 773 *(Grundlagenwissen)*

▶ Schuldrecht BT

Skript: Standardfälle Schuldrecht, ISBN 978-3-86724-002-4
Skript: Einführung in das Schuldrecht (BT) 1, ISBN 978-3-86724-022-2
Skript: Einführung in das Schuldrecht (BT) 2, ISBN 978-3-86724-023-9
MP3-CD: Basiswissen Schuldrecht BT, ISBN 978-3-86724-089-5
MP3-CD: Standardfälle Schuldrecht, ISBN 978-3-86724-018-5
MP3-CD: Die wichtigsten Schemata Zivilrecht, ISBN 978-3-86724-014-7

▶ Kaufrecht

☑ Der Kaufvertrag, die Gewährleistung
 📖 Schrader, **JA** 2016, 18 *(Anfänger-Klausur)*
 📖 de Groot, **JA** 2013, 574 *(Anfänger-Klausur)*
 📖 Benrath, **JA** 2013, 256 *(Fortgeschrittenen-Klausur)*
 📖 Hofmann, **JA** 2013, 16 *(Examens-Klausur „Pferdekauf")*
 📖 Hauser, **JA** 2012, 13 *(Fortgeschrittenen-Klausur)*
 📖 Brzezinski, **Jura** 2011, 543 *(Klausur)*
 📖 Duchstein, **JA** 2011, 744 *(Klausur)*
 📖 Richter, **JA** 2009, 416 *(Anfänger-Klausur)*
 📖 Warga, **JA** 2009, 505 *(Examens-Klausur)*
 📖 Schäfer, **Jura** 2009, 543 *(Anfänger-Klausur)*
 📖 Kleinhenz, **Jura** 2008, 281 *(Klausur)*
 📖 Schmoeckel/Stolte, **JA** 2005, 704 *(Examens-Klausur)*
 📖 Koch/Schimmel, **JA** 2006, 190 *(Fortg.-Klausur)*
 📖 Wilhelmi, **Jura** 2006, 208 *(Fortg.-Klausur)*
 📖 Ebers/Henninger, **Jura** 2006, 58 *(Fortg.-Klausur)*
 📖 Balzer, **JA** 2005, 31 *(Klausur)*
 📖 Mankowski, **Jura** 2005, 111 *(Klausur)*
 📖 Reischl, **JuS** 2003, 865; 1076 *(Grundfälle)*
 📖 Hampel, **JuS** 2003, 465 *(Klausur; Auto-Sachmangel)*
 📖 Ranieri, **JuS** 2003, 53 *(Klausur)*
 📖 Unholtz, **JuS** 2003, 654 *(Klausur)*
 📖 Coester-Waltjen, **Jura** 2002, 534 *(Grundlagenwissen)*
 📖 Röthel, **Jura** 2002, 621 *(Methodik Fallbearbeitung)*
 📖 Schubel, **JuS** 2002, 267; 313 *(Grundlagenwissen)*
 📖 Löhnig, **JA** 2002, 557 *(Grundlagenwissen)*
 📖 Saenger, **JuS** 2002, 970 *(Klausur)*

☑ Umfang des Anspruchs auf Nachlieferung; Ein-+ Ausbaukosten
 📖 Graziano/Landbrecht, **Jura** 2015, 969 *(Klausur)*

78

📖 Lippstreu, **Jura** 2012, 304 *(Fortgeschrittenen-Klausur)*

☑ Der Gefahrübergang nach § 447
📖 Hennrichs, **JA** 2005, 269 *(Klausur)*
📖 Wertenbruch, **JuS** 2003, 625 *(Top-Grundfälle)*

☑ Haustür- und *Internetgeschäfte*, §§ 312 ff.
📖 Daniel, **Jura** 2016, 1050 *(Anfänger-Klausur)*
📖 Stürner, **Jura** 2015, 30; 341 und 2016, 26, 374 *(Grundlagen)*
📖 Raue, **Jura** 2015, 326 *(Grundlagen)*
📖 Mätzig, **Jura** 2015, 233 *(Grundlagen)*
📖 Krois, **JA** 2012, 27 *(Examens-Klausur, altes Recht)*
📖 Lettl, **JA** 2010, 694 *(Klausur, altes Recht)*
📖 Guhl, **JA** 2010, 94 *(Examens-Klausur, altes Recht)*
📖 Forgo/Amini, **JA** 2008, 21 *(Examens-Klausur, altes Recht)*
📖 Tonmaso, **Jura** 2008, 215 *(Fortg.-Klausur)*
📖 Koch/Schimmel, **JA** 2006, 190 *(Fortg.-Klausur, altes Recht)*
📖 Deutsch, **JA** 2006, 346 *(Examens-Klausur, altes Recht)*
📖 Coester, **Jura** 2006, 296 *(Anfänger-Klausur, altes Recht)*

▶ Werkvertragsrecht
☑ Das Werkvertragsrecht
📖 de Groot, **JA** 2013, 574 *(Anfänger-Klausur)*
📖 Reischl, **JuS** 2003, 865; 1076 *(Grundfälle)*
📖 Singer, **Jura** 2003, 196 *(Examensklausur)*
📖 Teichmann, **JuS** 2002, 417 *(Grundlagenwissen)*
📖 Reinkenhof, **Jura** 2002, 433 *(Grundlagenwissen)*
📖 Löhnig, **JA** 2002, 557 *(Grundlagenwissen)*
📖 v. Koppenfels, **JA** 2002, 861 *(Klausur)*
📖 Tonner/Otto, **JuS** 2000, 363 *(Klausur, altes Recht)*
📖 Bender, **Jura** 1997, 434 *(Klausur, altes Recht)*
📖 Lessmann/Vogel, **Jura** 1997, 305 (311) *(Klausur, altes Recht)*

▶ Reisevertragsrecht
☑ Das Reisevertragsrecht, § 651 a
📖 Schmidt, **Jura** 2012, 390 *(Klausur)*
📖 Warga, **JA** 2011, 504 *(Examens-Klausur)*

▶ Mietrecht
☑ Das Mietrecht
📖 Schrader, **JA** 2015, 341 *(Examens-Klausur)*

📖 Jobst, **JA** 2013, 747 *(Examens-Klausur)*
📖 Schulz, **JA** 2013, 425 *(Examens-Klausur)*
📖 Schütz, **JA** 2011, 329 *(Examens-Klausur)*
📖 Lieder, **Jura** 2012, 138 *(Klausur)*
📖 Hau, **JuS** 2003, 130 *(Grundlagen)*
📖 Schrader, **JA** 2009, 773 *(Examens-Klausur)*
📖 Schuster, **JA** 2009, 105 *(Fortgeschrittenen-Klausur)*
📖 Skauradszun, **JA** 2009, 497 *(Examens-Klausur)*

☑ Die Minderung, § 536
📖 Sonnenschein, **Jura** 1993, 30 *(Klausur, alte §§)*

☑ Der Schadenersatzanspruch nach § 536a
📖 Müller, **JA** 2011, 500 *(Fortg.-Klausur)*
📖 Schilder/Vogel, **JuS** 1999, 460 *(Top-Klausur, alte §§)*
📖 Timme, **JA** 1999, 763 *(Top-Klausur, alte §§)*
📖 Armbrüster, **JuS** 1993, 39 *(Klausur, alte §§)*
📖 Otto-Schwarze, **JuS** 1992, 44 *(Klausur, alte §§)*

☑ Das Vermieterpfandrecht, § 562
📖 Jotzo, **Jura** 2016, 1055 *(Examens-Klausur)*
📖 Singer, **JA** 1998, 466 (471) *(Klausur, alte §§)*
📖 Weitemeyer, **JA** 1998, 854 (859) *(Klausur, alte §§)*
📖 Petersen, **JA** 1999, 292 *(Klausur, alte §§)*

▸ Darlehensverträge
☑ Das Verbraucherdarlehen, § 488 ff.
📖 Medicus, **Jura** 1991, 561*(Grundlagenwissen, altes Recht)*

☑ Der Einwendungsdurchgriff
📖 Heß, **Jura** 1994, 423 (425) *(Klausur, altes Recht)*
📖 Lehmann, **Jura** 1998, 202 *(Grundlagenwissen, altes Recht)*
📖 Coester, **Jura** 1992, 617 *(Grundlagenwissen, altes Recht)*
📖 Voit, **JuS** 1992, 491 *(Klausur, altes Recht)*

▸ Leasing
☑ Das Leasing
📖 Emmerich, **JuS** 1990, 1 *(Grundlagenwissen)*
📖 Casper, **Jura** 1999, 528 *(Klausur)*

▸ Bürgschaft
☑ Die Bürgschaft
📖 Lux, **JA** 2009, 179 *(Fortgeschrittenen-Klausur)*
📖 Ann, **JA** 2000, 265 *(Fallbesprechung)*

80

📖 Artz, **Jura** 1999, 364 *(Klausur)*
📖 Westermann, **Jura** 1991, 449; 567 *(Grundlagenwissen)*
📖 Giesen, **Jura** 1997, 64; 122 *(Grundlagenwissen)*
📖 Hohmeister, **JA** 1997, 852 *(Klausur)*

☑ Die Einreden des Bürgen
📖 Bülow/Schumann, **JuS** 1988, 796 *(Klausur)*

☑ Die Angehörigen- und Ehegattenbürgschaft
📖 Staudinger, **Jura** 2005, 263 *(Klausur)*
📖 Forster, **JA** 2005, 423 *(Klausur)*
📖 Tonner, **JuS** 2003, 325 *(Grundlagenwissen)*
📖 Klanten, **JA** 2000, 177 *(Fallbesprechung)*
📖 Löhnig, **JA** 1998, 760 *(Grundlagenwissen)*

☑ Das Verhältnis von Bürgem und dinglichem
   Sicherungsgeber
📖 Schmelz, **JA** 2005, 421 *(Grundlagenwissen)*
📖 Mertens, **Jura** 1992, 305 *(Grundlagenwissen)*
📖 Kerbein, **JA** 1999, 377 *(Grundlagenwissen)*

▸ Vertrag mit Schutzwirkung zugunsten Dritter
☑ Der Vertrag mit Schutzwirkung
📖 Anzinger, **JA** 2013, 650 *(Fortg.-Klausur)*
📖 Schulz, **JA** 2013, 425 *(Examens-Klausur)*
📖 Kassing, **JA** 2009, 584 *(Examens-Klausur)*
📖 Rohe, **JuS** 2003, 872 *(Examens-Klausur)*
📖 Wertheimer, **JA** 2000, 32 *(Klausur)*
📖 Armbrüster, **JuS** 1996, 131 *(Grundlagenwissen)*
📖 Alpmann, **JA** 1997, 292 (297) *(Klausur)*
📖 Schmid, **Jura** 1988, 93 *(Klausur)*
📖 Härting, **Jura** 1994, 250 (258) *(Hausarbeit)*
📖 Marlow, **Jura** 1995, 477 (480) *(Klausur)*
📖 Zimmermann/Amelung, **Jura** 1998, 313 (316) *(Klausur)*
📖 Baumbach, **JA** 1997, 267 *(Fallbesprechung)*

▸ Der Vertrag zugunsten Dritter
☑ Sparkonto auf den Todesfall
📖 Schreiber, **Jura** 1995, 159 *(Grundlagenwissen)*

▶ Globalzession u. verläng. Eigentumsvorbehalt

☑ Der verlängerte Eigentumsvorbehalt
📖 Giesen, **Jura** 1994, 194 (199) *(Grundlagenwissen)*

☑ Das echte und das unechte Factoring
📖 Bülow, **JuS** 1994, 766 *(Klausur)*

☑ Die Verleitung zum Vertragsbruch, § 138
📖 Giesen, **Jura** 1994, 194 (203) *(Grundlagenwissen)*

▶ Unerlaubte Handlungen

☑ Die unerlaubte Handlung, § 823
📖 Benrath, **JA** 2013, 256 *(Fortgeschrittenen-Klausur)*
📖 Homeier, **JA** 2012, 96 *(Anfänger-Klausur)*
📖 Lennerz, **Jura** 2011, 132 *(Anfänger-Klausur zu §§ 823, 833)*
📖 Fischer/Schmehl, **JA** 2008, 498 *(Anfänger-Klausur)*
📖 Deinert, **Jura** 2003, 337 *(Examensklausur)*
📖 v.Finkenstein, **Jura** 2002, 339 *(Hausarbeit zu § 833)*
📖 Otto, **JA** 2000, 558 *(Klausur zu § 823)*
📖 Büdenbender, **Jura** 2000, 132 *(Klausur zu § 833)*
📖 Solbach, **JA** 1992, Ü 80 (gelbe Seiten) *(Klausur)*
📖 Salje, **JA** 1993, Ü 193 (gelbe Seiten) *(Klausur)*
📖 Härting, **Jura** 1994, 250 *(Hausarbeit)*
📖 Eichenhofer, **JuS** 1995, 516 *(Klausur)*
📖 Dörner/Walker, **JA** 1990, Ü 196 (g. Seiten)*(Klausur)*
📖 Kollhosser, **JA** 1991, Ü 165 (gelbe Seiten) *(Klausur)*

☑ Weiterfressende Mängel, Äquivalenz- und Integritätsinteresse
📖 von Westphalen, **Jura** 1992, 511*(Grundlagenwissen)*
📖 Scheffer, **Jura** 1998, 653 (655) *(Klausur)*
📖 Padeck, **Jura** 1990, 92 *(Top-Hausarbeit)*

☑ Der eingerichtete und ausgeübte Gewerbebetrieb
📖 Löwisch, **JuS** 1982, 237 *(Grundlagenwissen)*

☑ Das allgemeine Persönlichkeitsrecht
📖 Seiffert, **NJW** 1999, 1889 *(Grundlagenwissen)*
📖 Ehmann, **JuS** 1997, 193 *(Grundlagenwissen)*
📖 Hager, **Jura** 1995, 566 *(Grundlagenwissen)*

☑ Die Verkehrssicherungspflicht
📖 Deckert, **Jura** 1996, 348 *(Grundlagenwissen)*

☑ Die Produzentenhaftung
📖 Hellerbrand, **JA** 1995, 19 *(Fallbesprechung)*

82

📖 Sossna, **Jura** 1996, 587 *(Grundlagenwissen)*
📖 Scheffer, **Jura** 1998, 657 *(Klausur)*
📖 Buhk, **JA** 1996, 706 *(Grundlagenwissen)*
📖 Maihold, **JA** 1994, (2 Teilbände!), 19 *(Grundlagen)*

☑ Das Produkthaftgesetz
📖 Fischer/Schmehl, **JA** 2008, 498 *(Anfänger-Klausur)*
📖 Michalski, **Jura** 1995, 505 *(Grundlagenwissen)*
📖 Deckert, **JA** 1995, 282 *(Grundlagenwissen)*

☑ Schockschäden naher Angehöriger
📖 Ehmann, **Jura** 1993, 208 *(Klausur)*

☑ Die mittelbare Kausalität, der Schutzzweck der Norm
📖 Michalski, **Jura** 1996, 393 *(Grundlagenwissen)*
📖 Roth/Schimmel, **JA** 1998, 441 *(Fallbesprechung)*

☑ Die Rechtfertigung nach §§ 227, 229, 904 BGB
📖 Haller/ Steffens, **JA** 1996, 648 *(Klausur)*
📖 Schreiber, **Jura** 1997, 29 *(Grundlagenwissen)*

☑ Das Schadensrecht, die Naturalrestitution, § 249
📖 Keilmann, **JA** 2005, 700 ff. *(Grundlagen)*
📖 Pöggeler, **JA** 1999, 505 *(Grundfälle, altes Recht)*
📖 Hornick, **JA** 1993, Ü 112 (gelbe Seiten) *(Grundfälle)*
📖 Coester-Waltjen, **Jura** 1996, 270 *(Grundlagenwissen)*
☑ Die Haftung im Straßenverkehr
📖 Staudinger, **Jura** 2003, 441 *(Grundlagenwissen)*

☑ Die Halterhaftung, § 7 StVG
📖 Katzenmeier/Jansen, **Jura** 2016, 186 *(Anfänger-Klausur)*
📖 Coester-Waltjen, **Jura** 2004, 173 *(Grundlagenwissen)*
📖 Wankner, **JA** 1998, 95 *(Fallbesprechung)*
📖 Martis, **JA** 1997, 45 *(Grundlagenwissen)*

Hinweis: Der Begriff des „unabwendbaren Ereignisses" entfällt in der Fassung des § 7 II StVG seit 2002 für Unfälle mit der Beteiligung nur eines Kraftfahrzeugs. Bei mehreren KFZ vgl. § 17 III StVG.

☑ Das Mitverschulden, § 17 StVG
📖 Martis, **JA** 1997, 141 *(Grundlagenwissen)*

☑ Mehrere Beteiligte gemäß § 830
📖 Frommhold, **Jura** 2003, 403 *(Grundlagenwissen)*
📖 Benicke, **Jura** 1996, 127 *(Grundlagenwissen)*
📖 Kollhosser, **JA** 1991, Ü 164 (gelbe Seiten) *(Klausur)*

☑ Der Verrichtungsgehilfe, § 831
 📖 Salje, **JA** 1993, Ü 193 (gelbe Seiten) *(Klausur)*
 📖 Schreiber, **Jura** 1987, 647 (651) *(Grundlagenwissen)*

☑ Gestörter Innenausgleich unter Gesamtschuldnern
 📖 Burkert/Kirchdörfer, **JuS** 1988, 341*(Grundlagen)*

▶ Bereicherungsrecht

☑ Das Bereicherungsrecht
 📖 Jäckel, **JA** 2012, 339 *(Ex-Klausur „Perle in der Auster")*
 📖 Homeier, **JA** 2012, 96 *(Anfänger-Klausur)*
 📖 Giesen **Jura** 1995, 169; 234; 281 *(Grundfälle)*
 📖 Früh, **JuS** 1995, 601*(Grundlagenwissen)*
 📖 Adomeit/Hesse, **JA** 1996, 29 (38) *(Klausur)*
 📖 Majer, **JA** 2009, 855 *(Examens-Klausur)*

☑ Die Leistungskondiktion, § 812
 📖 Ham, **JA** 2005, 102 *(Fortgeschrittenen-Klausur)*
 📖 Giesen, **Jura** 1995, 169 *(Grundfall)*

☑ Der Vorrang der Leistungskondiktion (Jungbullenfall)
 📖 Hombrecher, **Jura** 2003, 333 *(Grundlagenwissen)*

☑ Die Saldotheorie
 📖 Hoffmann, **Jura** 1997, 416 *(Grundlagenwissen)*

☑ Die Nichtleistungskondiktion, § 816
 📖 Radke, **JA** 2000, 202 *(Grundlagenwissen)*
 📖 Nippe, **Jura** 1994, 44 *(Klausur)*
 📖 Hadding, **JuS** 2003, 154 *(Sparbuch-Klausur)*
 📖 Bayreuther, **JuS** 2003, 769 *(Klausur)*

☑ Die unberechtigte Untervermietung
 📖 Gebauer, **Jura** 1998, 128 *(Urteilsbesprechung)*
 📖 Hesse, **JA** 1996, 827 *(Urteilsbesprechung)*

☑ Entlohnung für Schwarzarbeit?
 📖 Brunner, **JA** 1999, 414 *(Klausur)*

☑ Die Gesamtschuld
 📖 Preißer, **JuS** 1987, 208; 289; 628; 710; 797; 961 *(Grundfälle)*
 📖 Marlow, **Jura** 1995, 476 (482) *(Klausur)*

▶ Geschäftsführung ohne Auftrag
- Anzinger, **JA** 2013, 650 *(Fortg.-Klausur)*
- Homeier, **JA** 2012, 96 *(Anfänger-Klausur)*
- Steinbeck, **Jura** 2011, 943 *(Examens-Klausur)*
- Henssler, **JuS** 1991, 924 *(Grundfälle)*
- Guhl, **JA** 2010, 94 *(Examens-Klausur)*
- Giesen, **Jura** 1996, 225; 288; 344 *(Grundfälle)*

▶ Strafrecht Besonderer Teil

Skript: Strafrecht (BT) 1 - Vermögen -, ISBN 978-3-86724-048-2
Skript: Strafrecht (BT) 2 - Nichtvermögen -, ISBN 978-3-86724-049-9
Skript: Standardfälle StrafR Fortgeschrittene, ISBN 978-3-86724-042-0
Skript: Definitionen für die Strafrechtsklausur, ISBN 978-3-86724-050-5
MP3-CD: Definitionen f. die Strafrechtsklausur, ISBN 978-3-86724-010-9
Audio-CD: Basiswissen StrafR BT 1 - Vermö., ISBN 978-3-86724-011-6
MP3-CD: Basiswissen StrafR BT 2 – Nvermö, ISBN 978-3-86724-012-3

▶ Nichtvermögensdelikte (Leben, Gesundheit, Freiheit)
☑ Der Totschlag, § 212
- Dehne-Niemann, **JA** 2009, 868 *(Examens-Klausur)*
- Cornelius, **JA** 2009, 425 *(Anfänger-Klausur)*
- Berkl, **JA** 2006, 276 *(Anfänger-HA, u.a. § 212)*
- Mitsch, **JuS** 1995, 787; 888 *(Grundlagenwissen)*
- Mitsch, **JuS** 1996, 26 *(Grundfälle)*
- Eschenbach, **Jura** 1999, 88 *(Klausur)*
- Fahl, **Jura** 1995, 654 *(Klausur)*
- Krey/Fischer, **JA** 1997, 204 *(Klausur)*
- Kretschmer, **Jura** 1998, 244 *(Klausur)*
- Hohmann/Matt, **Jura** 1990, 544 *(Hausarbeit)*
- Schrödl, **JA** 2003, 656 *(Hausarbeit)*

☑ Der Mord, § 211
- Sievert, **JA** 2012, 107 *(Anfänger-Klausur)*
- Singelnstein, **JA** 2011, 756 *(Klausur)*
- Esser, **Jura** 2009, 866 *(Anfänger-Klausur)*
- Englmann, **JA** 2010, 185 *(Anfänger-Klausur)*
- Stiebig, **JA** 2009, 600 *(Fortgeschrittenen-Klausur)*
- Schapiro, **JA** 2005, 615 *(Anfänger-Klausur)*
- Dreher, **JA** 2005, 789 *(Anfänger-Klausur)*

Vietze, **Jura** 2003, 394 *(Gekreuzte Mordmerkmale- Grdl.)*
 Engländer, **JA** 2004, 410 *(Teilnahme am Mord- Grdl.)*
 Daleman, **JA** 2004, 461 *(Klausur)*
 Otto, **Jura** 2003, 612*(Grundfälle)*
 Gropengießer, **Jura** 2003, 277*(Anfänger-Klausur)*
 Bosch/Schindler, **Jura** 2000, 77 *(Grundlagenwissen)*
 Mitsch, **JuS** 1996, 121; 213 *(Grundlagenwissen)*
 Otto, **Jura** 1994, 141*(Grundlagenwissen)*
 Otto/Ströber, **Jura** 1987, 373 *(Klausur)*
 Radtke, **Jura** 1997, 477 (483) *(Hausarbeit)*

☑ Das heimtückische Handeln
 Lesch, **JA** 1997, 536 *(Grundlagenwissen)*
 Sowada, **Jura** 1994, 37 (39) *(Klausur)*
 Ellbogen **Jura** 1998, 483 *(Hausarbeit)*
 Fahl, **JA** 1999, 284 *(Fallbesprechung)*

☑ Das grausame Handeln
 Britz/Müller, **Jura** 1997, 313 (320) *(Klausur)*

☑ Die niedrigen Beweggründe
 Ellbogen, **Jura** 1998, 483 (486) *(Grundlagenwissen)*

☑ Die Tatbestandsverschiebung, § 28 II
 Sowada **Jura** 1994, 37 (43) *(Klausur)*
 Fischer/Gutzeit, **JA** 1998, 41 *(Grundlagenwissen)*

☑ Ärztlicher Heileingriff als Körperverletzung, § 223?
 Müller-Dietz, **JuS** 1989, 281*(Grundlagenwissen)*
 Bernsmann, **JA** 1991, Ü 127 (gelbe Seiten) *(Klausur)*

☑ Körperverletzung, Einwilligung und Doping
 Kett-Straub, **JA** 2013, 182 *(Fortg.-Hausarbeit)*
 Jung, **JuS** 1992, 131 *(Klausur)*

☑ Die gefährliche Körperverletzung, § 224
 Kett-Straub, **JA** 2013, 182 *(Fortg.-Hausarbeit)*
 Esser, **JA** 2012, 590 *(Anfänger-Klausur)*
 Eidam, **JA** 2010, 601 *(Examens-Klausur)*
 Cornelius, **JA** 2009, 425 *(Anfänger-Klausur)*
 JA 2010, 711 *(Fortgeschrittenen-Klausur)*
 Stiebig, **JA** 2009, 600*(Fortgeschrittenen-Klausur)*
 Pape, **Jura** 2008, 147 *(Fortg.-Klausur, §§ 211, 224, 227)*
 Thoss, **Jura** 2005, 128 *(Klausur)*
 Ellbogen, **JA** 2005, 353 *(Klausur)*
 Laubenthal, **JA** 2004, 39 *(Klausur)*

86

📖 Berz, **Jura** 2003, 205 *(Examens-Klausur)*
📖 Jahn, **JA** 2002, 560 *(Klausur)*
📖 Wolters, **JuS** 1998, 583 *(Grundlagenwissen)*
📖 Schulz, **JA** 1999, 203 *(Klausur)*

☑ Die schwere Körperverletzung, § 226
📖 Thoss, **Jura** 2005, 128 *(Klausur)*
📖 Hörnle, **Jura** 1998, 169 (179) *(Grundlagenwissen)*
📖 Otto/Ströber, **Jura** 1987, 373 *(Klausur)*

☑ Die Körperverletzung mit Todesfolge, § 227
📖 Esser, **JA** 2012, 590 *(Anfänger-Klausur)*
📖 Ladiges, **Jura** 2011, 552 *(Examensklausur)*
📖 Timpe, **Jura** 2009, 465 *(Klausur)*
📖 Pape, **Jura** 2008, 147 *(Fortg.-Klausur, §§ 211, 224, 227)*
📖 Schulz, **JA** 1999, 203 *(Klausur)*
📖 Sowada, **Jura** 1994, 649; Jura 1995, 644 *(Grundlagen)*
📖 Fahl, **JA** 1998, 9 *(Fallbesprechung)*
📖 Maiwald, **JuS** 1984, 439 *(Grundlagenwissen)*
📖 Mitsch, **Jura** 1993, 18 *(Fallbesprechung)*
📖 Krey/Fischer, **JA** 1997, 204 (207) *(Klausur)*

☑ Die fahrlässige Tötung, § 222
📖 Hinderer, **JA** 2011, 907 *(Klausur)*
📖 Fahl, **Jura** 2005, 273 *(Anfänger-Klausur)*
📖 Timpe, **Jura** 2009, 465 *(Klausur)*

☑ Die Beteiligung an einer Schlägerei, § 231
📖 Laubenthal, **JA** 2004, 39 *(Klausur)*
📖 Henke, **Jura** 1985, 585 *(Grundlagenwissen)*
📖 Kretschmer, **Jura** 1998, 245 *(Klausur)*

☑ Sitzblockade als Nötigung, § 240?
📖 Arnold, **JuS** 1997, 289 *(Grundlagenwissen)*
📖 Hruschka **NJW** 1996, 160 *(Grundlagenwissen)*

☑ Schienenblockade als Nötigung?
📖 Krüßmann, **JA** 1998, 626 *(Grundlagenwissen)*

☑ Kann Drohen mit Unterlassen Nötigung sein?
📖 Zopfs, **JA** 1998, 813 *(Grundlagenwissen)*

☑ Die Beleidigung und Verleumdung, §§ 185, 186, 187
📖 Fahl, **Jura** 2005, 273 *(Anfänger-Klausur)*
📖 Tenckhoff, **JuS** 1988, 457; 618 *(Grundfälle)*

☐ Geppert, **Jura** 1983, 530; 580 *(Grundfälle)*
☐ Ellbogen, **Jura** 1998, 483 (484) *(Klausur)*

☑ Der Hausfriedensbruch, § 123
☐ Putzke, **Jura** 2009, 147 *(Examens-Klausur)*
☐ Kohlmann, **JA** 1990, Ü 79 (gelbe Seiten) *(Klausur)*
☐ Geppert, **Jura** 1989, 378 (Grundlagenwissen)

▶ **Vermögens-/Eigentumsdelikte (Diebstahl, Betrug, Unterschlagung)**
☐ Kohler, **Jura** 2011, 468 *(Klausur, §§ 242, 263)*
☐ Kett-Straub, **JA** 2010, 590 *(Fortg.-Klausur, u.a. §§ 242, 244)*
☐ Henseler, **Jura** 2009, 554 *(Fortg.-Klausur, §§ 242, 246,259)*
☐ Radtke, **JA** 2009, 702 *(Ex.-Klausur, u.a. §§ 242, 246)*
☐ Safferling/Menz, **Jura** 2008, 382 *(Ex.-Klausur, §§ 242,243,244)*
☐ Vogt/Brand, **Jura** 2008, 305 *(Fortg.-Klausur, §§ 242, 263, 246)*
☐ Bergmann, **JA** 2008, 504 *(Anfänger-Klausur, §§ 242, 263)*
☐ Böse/Nehring, **JA** 2008, 110 *(Fortg.-Klausur, §§ 242, 263)*
☐ Seibert, **JA** 2008, 31 *(Klausur, §§ 242,243,244)*
☐ Berkl, **JA** 2006, 276 *(Anfänger-HA, u.a. § 242)*
☐ Geppert, **Jura** 2002, 278 *(Abschlussklausur, u.a. § 242)*
☐ Müller, **Jura** 2003, 496 *(Examensklausur zu §§ 263, 244)*
☐ Samson, **JuS** 2003, 263 *(Klausur zu §§ 242, 253)*
☐ Grösling, **JuS** 2003, 1097 *(Fortg.-Klausur, §§ 263, 242)*
☐ Gaede, **JuS** 2003, 774 *(Examensklausur zu §§ 243, 244a)*
☐ Hillenkamp, **JuS** 2003, 157 *(Examensklausur zu §§ 263, 244)*
☐ Seelmann, **JuS** 1985, 199; 288; 454; 699 *(Top-Grundfälle)*
☐ Seelmann, **JuS** 1986, 201 *(Grundfälle)*
☐ Bernbeck, **JuS** 1999, 465 *(Klausur)*
☐ Mitsch, **JA** 1999, 388 *(Klausur)*
☐ Mitsch, **JuS** 1999, 372 *(Klausur)*
☐ Thoss, **JA** 1998, 662 *(Klausur)*
☐ Otto, **Jura** 1989, 137; 200; Jura 1997, 464 *(Grundfälle)*
☐ Ambos, **Jura** 1997, 602 *(Klausur)*
☐ Fahl, **JA** 1996, 40 *(Klausur)*
☐ Kunz, **Jura** 1997, 152 *(Klausur)*
☐ Mitsch, **JA** 1997, 655 *(Klausur)*
☐ Weber, **JA** 1990, Ü 125 (gelbe Seiten) *(Klausur)*
☐ Baier, **JA** 1993, Ü 101 (gelbe Seiten) *(Hausarbeit)*

☑ Sachbeschädigung, § 303, durch Graffiti?
☐ Eisele, **JA** 2000, 101 *(Fallbesprechung)*
☐ Löhnig, **JA** 1998, 186 *(Fallbesprechung)*

☑ Der Diebstahl, § 242
📖 Müller, **JA** 2013, 756 *(Fortg.-Klausur)*
📖 Heubel, **JuS** 1984, 445 *(Grundlagenwissen)*
📖 Heinrich, **Jura** 1997, 366 *(Hausarbeit)*
📖 Stoffers, **JA** 1994 (2 Teilbände!), 35 *(Klausur)*

☑ Abgrenzung des Diebstahls vom Betrug
📖 Rotsch, **JA** 2004, 533 *(Klausur)*
📖 Biletzki, **JA** 1995, 857 *(Grundfälle)*

☑ Ist „Schwarztanken" Diebstahl oder Betrug?
📖 Lange, **JuS** 2003, 961 *(Grundfälle)*

☑ Sicherungsetiketten als Wegnahmesicherung?
📖 Dölling, **JuS** 1986, 688 *(Grundlagenwissen)*

☑ Hindert die Beobachtung die Wegnahmevollendung?
📖 Dölling, **JuS** 1986, 688 *(Grundlagenwissen)*
📖 Schulz, **JA** 1998, 127 (128) *(Klausur)*

☑ Diebstahl oder Betrug im Selbstbedienungsladen?
📖 Fahl, **Jura** 2009, 234 *(Examens-Klausur)*
📖 Rotsch, **JA** 2004, 533 *(Klausur)*
📖 Thoss, **Jura** 2002, 351 *(Klausur)*
📖 Walter, **Jura** 2002, 415 *(Examensklausur)*
📖 Rossmüller/Rohrer, **Jura** 1994, 469 *(Grundfälle)*
📖 Hillenkamp, **JuS** 1997, 217 *(Grundlagenwissen)*
📖 v. Heintschel-Heinegg, **JA** 1996, 97 *(Fallbesprechung)*

☑ Ist das Leerspielen eines Glücksspielautomaten Diebstahl?
📖 Mitsch, **JuS** 1998, 312 *(Fallbesprechung)*
📖 Ranft, **JuS** 1997, 19 *(Fallbesprechung)*

☑ Die Qualifikation gemäß § 244
📖 Graul, **Jura** 2000, 204 *(Top-Klausur)*
📖 Seier, **JA** 1999, 666 *(Klausur)*

☑ Die Unterschlagung
📖 Schultze, **JA** 2002, 777 *(Fortgeschrittenen-Klausur)*
📖 Samson, **JA** 1990, 5 *(Grundlagenwissen)*
📖 Tenckhoff, **JuS** 1984, 775 *(Grundlagenwissen)*
📖 Otto, **Jura** 1989, 200; **Jura** 1996, 383 *(Grundfälle)*
📖 Baier, **JA** 1999, 364 *(Fallbesprechung)*

☑ Der Betrug, § 263
📖 Preuß, **JA** 2013, 433 *(Fortg.-Klausur zu §§ 263, 267,265a,274)*

□ Drenkhahn, **Jura** 2011, 63 *(Klausur zu §§ 263, 259)*

□ Fahl, **JA** 2011, 836 *(Fortg.-Klausur zu §§ 263, 267)*

□ Holland, **JA** 2009, 513 *(Fortg.-Klausur zu §§ 263, 246)*

□ Eisele, **Jura** 2005, 204 *(Klausur zu §§ 263, 266)*

□ Hellmann, **JA** 2004, 891 *(Klausur zu §§ 263, 267)*

□ Müller, **Jura** 2003, 496 *(Examensklausur zu §§ 263, 244)*

□ Grösling, **JuS** 2003, 1097 *(Fortgeschrittenenkl., §§ 263, 242)*

□ Hillenkamp, **JuS** 2003, 157 *(Examensklausur zu §§ 263, 244)*

□ Otto, **Jura** 2002, 606 *(Grundlagenwissen)*

□ Meier/Loer, **Jura** 1999, 424 *(Klausur)*

□ Sternberg/Lieben, **JA** 1997, 124 *(Klausur)*

□ Ranft, **Jura** 1992, 66 *(Grundlagenwissen)*

□ Bottke, **Jura** 1991, 266 *(Klausur)*

□ Weber, **JA** 1991, Ü 197 (gelbe Seiten) *(Klausur)*

□ Heinrich, **Jura** 1997, 366 (369) *(Hausarbeit)*

□ Vogel, **Jura** 1996, 266 *(Klausur)*

☑ Der Vermögensschaden beim Betrug

□ Hilgendorf, **JuS** 1994, 466 *(Grundlagenwissen)*

□ Fahl, **JA** 1995, 198 *(Fallbesprechung)*

☑ Die Zweckverfehlung beim Betrug

□ Geerds, **Jura** 1994, 309 (319) *(Grundlagenwissen)*

□ Deutscher/Körner, **JuS** 1996, 297 *(Grundlagenwissen)*

☑ Der persönliche Schadenseinschlag beim Betrug

□ Geerds, **Jura** 1994, 309 (314) *(Grundlagenwissen)*

☑ Die Dreiecksbeziehung beim Betrug

□ Fahl, **Jura** 1996, 74 *(Grundlagenwissen)*

□ Hauf, **JA** 1995, 458 *(Grundlagenwissen)*

□ Biletzki, **JA** 1995, 857 *(Grundlagenwissen)*

☑ Der Raub, § 249

□ Radtke, **JA** 2012, 265 *(Fortgeschrittenen-Klausur)*

□ Ladiges, **Jura** 2011, 552 *(Examensklausur)*

□ Helmrich, **JA** 2006, 351 *(Examens-Klausur, §§ 249, 253)*

□ Kretschmer, **Jura** 2006, 219 *(Hausarbeit §§ 249, 253, 239a)*

□ Kühl, **JuS** 2003, 681 *(Examensklausur zu §§ 249, 253)*

□ Radtke, **Jura** 1997, 477 *(Hausarbeit)*

□ Graul, **JuS** 1999, 562 *(Klausur)*

□ Britz, **Jura** 1997, 314 *(Klausur)*

□ Werner, **Jura** 1990, 599 *(Grundlagenwissen)*

□ Kohlmann, **JA** 1990, Ü 79 (gelbe Seiten) *(Klausur)*

☑ Der Zusammenhang Nötigungshandlung - Wegnahme
📖 Biletzki, **JA** 1997, 385 *(Grundlagenwissen)*

☑ Der „Berufswaffenträger" und die „Scheinwaffe"
📖 Geppert, **Jura** 1992, 496 *(Grundlagenwissen)*
📖 Saal, **JA** 1997, 859 *(Grundlagenwissen)*

☑ Der räuberische Diebstahl, § 252
📖 Reinhardt, **JA** 2016, 189 *(Fortg.-Klausur zu §§ 250, 252, 249)*
📖 Kramer, **JA** 2013, 349 *(Ex.-Klausur zu §§ 250, 252, 249)*
📖 Kett-Straub, **JA** 2010, 590 *(Fortg.-Klausur)*
📖 Geppert, **Jura** 1990, 554 *(Grundlagenwissen)*
📖 Ranft, **Jura** 1991, 588 *(Klausur)*
📖 Schulz, **JA** 1998, 128 (131) *(Klausur)*

☑ Der räuberische Angriff auf Kraftfahrer, § 316 a
📖 Hauf, **JA** 1997, 474 (477) *(Klausur)*
📖 Mitsch, **JA** 1999, 662 *(Grundlagenwissen)*
📖 Geppert, **Jura** 1995, 310 *(Grundlagenwissen)*

☑ Die (räuberische) Erpressung, §§ 253, 255
📖 Borsci, **JA** 2013, 187 *(Fortgeschrittenen-Klausur)*
📖 Radtke, **JA** 2012, 265 *(Fortgeschrittenen-Klausur)*
📖 Morgenstern, **Jura** 2008, 625 *(Ex.-Klausur)*
📖 Gierhake, **JA** 2008, 429 *(Klausur)*
📖 Kühl, **JuS** 2003, 681 *(Examensklausur zu §§ 249, 253)*
📖 Harro/Petersen, **Jura** 1999, 480 *(Klausur)*
📖 Zieschang, **JuS** 1999, 49 *(Klausur)*
📖 Joerden, **JuS** 1985, 20 (24) *(Grundlagenwissen)*
📖 Haurand/Vahle, **JA** 1996, 466 *(Klausur)*
📖 Krack, **JuS** 1996, 493 *(Grundlagenwissen)*
📖 Hauf, **JA** 1997, 474 *(Klausur)*
📖 Hartmann, **JA** 1998, 946 *(Klausur)*
📖 Berz, **JA** 1990, 246 (gelbe Seiten) *(Klausur)*

☑ Die Untreue, § 266
📖 Eisele, **Jura** 2005, 204 *(Klausur zu §§ 263, 266)*
📖 Otto, **Jura** 1991, 48 *(Grundlagenwissen)*
📖 Labsch, **Jura** 1987, 343; 411 *(Grundfälle)*
📖 Küper **Jura** 1996, 205 *(Klausur)*
📖 Sternberg/Lieben, **JA** 1997, 124 *(Klausur)*

☑ Grundfälle zum Computerstrafrecht, §§ 202a, 263a,303a, b
📖 Hilgendorf **JuS** 1996, 509; 702; 890; 1082; **JuS** 1997, 130

☑ Der Computerbetrug, § 263a, Scheckkartenmissbrauch, §266b
📖 Zöller **Jura** 2003, 637 *(Klausur zu §§ 263a, 266 b)*
📖 Kudlich **JuS** 2003, 537 *(Grundlagen zu §§ 263a, 266 b)*
📖 Thoss **JA** 2000, 671 *(Klausur zu §§ 263a, 266 b)*
📖 Löhnig, **JA** 1998, 836 *(Grundlagenwissen)*
📖 Otto, **Jura** 1993, 612 *(Grundlagenwissen)*
📖 Meier, **Jura** 1991, 142 *(Klausur)*
📖 Meier, **JuS** 1992, 1017 *(Grundlagenwissen)*
📖 Ranft, **JuS** 1997, 19 *(Fallbesprechung)*
📖 Biletzki, **JA** 1997, 749 *(Grundlagenwissen)*

☑ Hehlerei, § 259
📖 Drenkhahn, **Jura** 2011, 63 *(Klausur zu §§ 263, 259)*
📖 Henseler, **Jura** 2009, 554 *(Fortgeschrittenen-Klausur)*
📖 Schultze, **JA** 2002, 777 *(Fortgeschrittenen-Klausur)*
📖 Kudlich, **JA** 2002, 672 *(Grundlagenwissen)*
📖 Zöller, **Jura** 1999, 378 *(Grundfälle)*
📖 Küper, **Jura** 1996, 205 (210) *(Klausur)*
📖 Stoffers, **Jura** 1995, 113 *(Grundlagenwissen)*
📖 Geppert, **Jura** 1994, 100 *(Grundlagenwissen)*
📖 Roth, **JA** 1988, 193 *(Grundlagenwissen)*

▶ Straftaten gegen die Rechtspflege
📖 Hecker, **Jura** 1999, 198 *(Klausur)*

☑ Die Begünstigung, § 257
📖 Sternberg, **Jura** 1996, 544 (548) *(Klausur)*
📖 Geppert, **Jura** 1980, 269; 327; **Jura** 1994, 441 *(Grundfälle)*

☑ Die Falschverdächtigung, § 164
📖 Otto, **Jura** 1985, 443 *(Grundlagenwissen)*
📖 Geilen, **Jura** 1984, 251 *(Grundlagenwissen)*

☑ Vortäuschen einer Straftat, § 145 d
📖 Kelker, **Jura** 1996, 93 *(Hausarbeit)*

☑ Abgrenzung zwischen Vortäuschen und „Aufbauschen"
bei § 145d
📖 Krümpelmann, **JuS** 1985, 763 *(Grundlagenwissen)*

☑ Falsche uneidliche Aussage, § 153
📖 Klesczewski, **JA** 2013, 589 *(Ex.-Klausur zu §§ 315c, 153, 258)*
📖 Kudlich/Henn, **JA** 2008, 510 *(Grundlagen zu §§ 153-163)*

92

- Otto, **JuS** 1984, 161 *(Grundfälle zu §§ 153-163)*
- Kelker, **Jura** 1996, 89 (92, 94) *(Hausarbeit)*

☑ Meineid, § 154
- Samson, **JA** 1990, Ü 27 (gelbe Seiten) *(Klausur)*
- Gaede, **JuS** 2003, 774 *(Examensklausur zu §§ 244a, 154)*

☑ Grenzen des zulässigen Strafverteidigerhandelns, § 258
- Otto, **Jura** 1987, 329 *(Grundlagenwissen)*

☑ Widerstand gegen Vollstreckungsbeamte, § 113
- Backes/Ransiek, **JuS** 1989, 624 *(Grundlagenwissen)*

☑ Vollstreckungsvereitelung durch Begl. einer fremden Geldbuße?
- Müller-Christmann, **JuS** 1992, 379 *(Grundlagen)*

▸ Brandstiftungsdelikte, §§ 306 ff.
- Seiterle, **Jura** 2016, 202 *(Examens-Klausur)*
- Kudlich, **JA** 2013, 511 *(Fortg.-Klausur)*
- Mitsch, **JA** 2009, 115 *(Fortg.-Klausur)*
- Kress/Weisser, **JA** 2006, 115 *(Fortg.-Klausur)*
- Noack/Collin, **Jura** 2006, 544 *(Fortg.-Klausur)*
- Wrage, **JuS** 2003, 985 *(Grundfälle)*
- Sternberg-Lieben, **JA** 2000, 125 *(Klausur)*
- Cantzler, **JA** 1999, 474 *(Grundfälle)*
- Eisele, **JA** 1999, 542 *(Fallbesprechung)*
- Geppert, **Jura** 1998, 597 *(Grundlagenwissen)*
- Ellbogen, **Jura** 1998, 483 (488) *(Hausarbeit)*

▸ Straßenverkehrsdelikte
☑ Die Strafbarkeit nach § 315 c
- Klesczewski, **JA** 2013, 589 *(Ex.-Klausur zu §§ 315c, 153, 258)*
- Haverkamp, **JA** 2010, 780 *(Fortg.-Klausur)*
- Eidam, **JA** 2010, 601 *(Examens-Klausur)*
- Burchard, **JA** 2009, 271 *(Examens-Klausur)*
- Radtke, **JA** 2009, 702 *(Examens-Klausur)*
- Krumdiek, **Jura** 2009, 624 *(Klausur)*
- Magnus, **Jura** 2009, 390 *(Klausur)*
- Otto, **Jura** 2005, 416 *(Klausur)*
- Baier, **JA** 2005, 37 *(Klausur)*
- Fahl, **JuS** 2003, 472 *(Grundlagenwissen)*
- Baier, **JA** 2000, 300 *(Klausur)*
- Geppert, **Jura** 1996, 47 *(Grundlagenwissen)*

⚲ Ranft, **Jura** 1987, 608; **Jura** 1988, 133 *(Grundlagenwissen)*
⚲ Saal, **Jura** 1994, 153 *(Klausur)*
⚲ Graul, **JuS** 1992, 321 *(Klausur)*
⚲ Hauf, **JA** 1996, 7 *(Fallbesprechung)*
⚲ Seier, **JA** 1990, Ü 202 (gelbe Seiten) *(Klausur)*
⚲ Schulz, **JA** 1994, Teilband 2, 217 *(Klausur)*

☑ Die Einwilligung des Mitfahrers bei § 315c
⚲ Putzke, **Jura** 2015, 95 *(Examens-Klausur)*
⚲ Baier, **JA** 2000, 300 *(Klausur)*
⚲ Schroeder, **JuS** 1994, 846 *(Grundlagenwissen)*

☑ Der gefährliche Eingriff in den Straßenverkehr, § 315 b
⚲ Haverkamp, **JA** 2010, 780 *(Fortg.-Klausur)*
⚲ Radtke, **JA** 2009, 702 *(Examens-Klausur)*
⚲ Burchard, **JA** 2009, 271 *(Examens-Klausur)*
⚲ Krumdiek, **Jura** 2009, 624 *(Klausur)*
⚲ Timpe, **Jura** 2009, 465 *(Klausur)*
⚲ Fahl, **JuS** 2003, 472 *(Grundlagenwissen)*
⚲ Geppert, **Jura** 1996, 639 *(Grundlagenwissen)*
⚲ Hauf, **JA** 1996, 447 *(Fallbesprechung)*

☑ Die Trunkenheit im Straßenverkehr, § 316
⚲ Hüting/Konzak, **Jura** 1991, 241 *(Grundlagenwissen)*
⚲ Bohnert, **Jura** 1996, 38 *(Klausur)*

☑ Die Unfallflucht, § 142
⚲ Haverkamp, **JA** 2010, 780 *(Fortg.-Klausur)*
⚲ Radtke, **JA** 2009, 702 *(Examens-Klausur)*
⚲ Geppert, **Jura** 1990, 78 *(Grundlagenwissen)*
⚲ Beulke, **JuS** 1982, 815 *(Grundlagenwissen)*
⚲ Seier, **JA** 1990, Ü 202 (gelbe Seiten) *(Klausur)*

▶ Die Urkundenfälschung, § 267
☑ Die Urkundenfälschung
⚲ Preuß, **JA** 2013, 433 *(Fortg.-Klausur zu §§ 263, 267,265a,274)*
⚲ Fahl, **JA** 2011, 836 *(Fortg.-Klausur zu §§ 263, 267)*
⚲ Holland, **JA** 2009, 513 *(Fortg.-Klausur zu §§ 263, 267)*
⚲ Linke, **JA** 2009, 347 *(Fortg.-Klausur zu §§ 211, 267)*
⚲ Fahl, **Jura** 2009, 234 *(Examens-Klausur § 267 im SB-Laden)*
⚲ Diener, **Jura** 2009, 946 *(Examens-Klausur §§ 267, 263, 250)*
⚲ Zieschang, **JA** 2008, 192 *(Fortg.-Klausur zu §§ 263, 267)*
⚲ Hellmann, **JA** 2004, 891 *(Klausur zu §§ 263, 267)*

📖 Fahl, **JA** 2004, 624 *(Hausarbeit zu §§ 267, 261)*
📖 Freund, **JuS** 1993, 731; 1016;
 JuS 1994, 30; 125; 207; 305 *(Grundfälle)*
📖 Küper, **Jura** 1996, 205 (208) *(Klausur)*
📖 Thoss, **Jura** 1998, 425 *(Klausur)*
📖 Weiß, **Jura** 1993, 288 *(Grundlagenwissen)*

☑ Gesamturkunde und zusammengesetzte Urkunde
📖 Geppert, **Jura** 1988, 158 *(Grundlagenwissen)*

☑ Hat eine Fotokopie Urkundsqualität?
📖 Bosch, **JA** 2010, 555 *(Grundlagen Telefax)*
📖 Beckemper, **JuS** 2000, 123 *(Grundlagen Telefax)*
📖 Park, **JuS** 1999, 887 *(Klausur)*
📖 Engert/Franzmann, **JA** 1997, 31 *(Grundlagenwissen)*
📖 Hefendehl, **Jura** 1992, 374 (375) *(Klausur)*
📖 Geppert, **Jura** 1990, 271 *(Grundlagenwissen)*

☑ Folie auf KFZ-Kennzeichen als Urkundenfälschung?
📖 Fahl, **JA** 1997, 925 *(Fallbesprechung)*

▸ Vorteilsannahme, Bestechung, Bestechlichkeit, §§ 332, 333, 334

📖 Amelung, **JuS** 1984, 595 *(Grundlagenwissen)*
📖 Wegscheider, **Jura** 1985, 327 *(Klausur)*

▸ Staatsrecht II (Grundrechte)

Studienbuch: Grundrechte, ISBN 978-3-86724-068-0
Skript: Basiswissen Staatsrecht II (Fra.-Antw.), ISBN 978-3-86724-071-0
Skript: Standardfälle Staatsrecht II, ISBN 978-3-86724-061-1
MP3-CD: Definitionen f. die Klausur im Öff. R., ISBN 978-3-86724-085-7
MP3-CD: Basiswissen StaatsR II (Fra.-Antw.), ISBN 978-3-86724-188-5

☑ 8 Fragen zu den Grundrechten
📖 Rubel, **JA** 1990, Ü 15 (gelbe Seiten)

☑ Die Verfassungsbeschwerde
📖 Friehe, **JA** 2016, 602 *(Anfänger-Klausur)*
📖 Prehn, **JA** 2010, 438 *(Examens-Klausur)*
📖 Greve, **Jura** 2009, 619 *(Klausur)*
📖 Staufer, **Jura** 2009, 549 *(Klausur)*
📖 Reuter, **Jura** 2009, 221 *(Klausur)*
📖 Betzinger, **JA** 2009, 125 *(Klausur)*
📖 Mielke, **Jura** 2008, 548 *(Anfänger-Klausur)*
📖 Braun, **Jura** 2003, 344 *(Anfänger-Klausur)*
📖 Jochum, **JuS** 2003, 371 *(Klausur)*
📖 Kremer, **Jura** 2004, 135 *(Klausur)*
📖 Jeand' Heur/Jorczyk, **Jura** 1999, 538 *(Hausarbeit)*
📖 Zuck, **JuS** 1988, 371 *(Grundlagenwissen)*
📖 Erichsen, **Jura** 1991, 585; 638;
   Jura 1992, 142 *(Grundlagenwissen)*
📖 Lorz, **JA** 1996, 676 *(Klausur)*
📖 Erichsen/Frenz, **Jura** 1995, 542 *(Klausur)*
📖 Bartone, **Jura** 1997, 322 *(Klausur)*
📖 Kelm, **Jura** 1997, 598 *(Klausur)*
📖 Kern/Friedel, **JA** 1998, 306 *(Klausur)*

☑ Die Verhältnismäßigkeit/Übermaßverbot
📖 Kluth, **JA** 1999, 606 *(Grundlagenwissen)*
📖 Ossenbühl, **Jura** 1997, 617 *(Grundlagenwissen)*

☑ Die Drittwirkung der Grundrechte
📖 Erichsen, **Jura** 1996, 527 *(Grundlagenwissen)*
📖 Manssen, **JuS** 1990, Lernbogen L 28 *(Klausur)*

☑ Die freie Entfaltung der Persönlichkeit, Art. 2 I GG
📖 Kube, **JuS** 2003, 111 *(Grundlagenwissen)*
📖 Degenhart, **JuS** 1990, 161 *(Grundlagenwissen)*
📖 Schneider, **JA** 2000, 40 *(Klausur)*
📖 Fischer, **JuS** 1998, Lernbogen L 77 *(Klausur)*
📖 Fischer, **JA** 1998, 306 *(Klausur)*
📖 Frotscher, **JuS** 1995, Lernbogen L 20 *(Klausur)*
📖 Nolte, **JA** 1991, Ü 53 (gelbe Seiten) *(Klausur)*

☑ Das Recht auf Leben und körperl. Unversehrtheit, Art. 2 I
📖 Wolffgang, **Jura** 1999, 593 *(Hausarbeit)*
📖 Schlette, **Jura** 1997, 642 *(Klausur)*

☑ Die Glaubensfreiheit, Gewissensfreiheit, Artikel 4 GG
📖 Braun, **Jura** 2003, 344 *(Anfänger-Klausur)*
📖 BVerfG, **NJW** 2002, 663 *(Urteil zum „Schächten")*

96

- Discher, **JuS** 1996, 529 *(Fallbesprechung zum „Schächten")*
- Pache, **Jura** 1995, 150 *(Klausur zum „Schächten")*
- Enders, **Jura** 2000, 198 *(Klausur)*
- Wolffgang, **Jura** 1999, 593 *(Hausarbeit)*
- Jeand' Heur/ Kelm, **Jura** 1997, 598 *(Klausur)*
- Grote, **JuS** 1997, 345 *(Klausur)*
- Schmidt/De Caluwe, **JA** 1996, 778 *(Klausur)*
- Frotscher, **JuS** 1995, Lernbogen L 20 *(Klausur)*
- Kunig, **Jura** 1992, 364 *(Klausur zum Thema „Kopftuch")*
- Lorz, **JA** 1996, 676 *(Klausur)*

☑ Die Meinungs-/Informationsfreiheit, Artikel 5 I GG
- Mielke, **Jura** 2008, 548 *(Anfänger-Klausur)*
- Nolte, **JuS** 2004, 111; 199 *(Grundlagenwissen)*
- Fehling, **JuS** 1996, 431 *(Top-Klausur)*
- Odendahl, **JA** 1998, 933 *(Fallbesprechung)*
- Stock, **JuS** 1998, 245 *(Klausur)*
- Reidt, **Jura** 1992, 548 *(Grundlagenwissen)*
- Erichsen, **Jura** 1996, 84 *(Grundlagenwissen)*
- Pache, **JA** 1994, 132 *(Klausur)*
- Arndt, **JuS** 1996, Lernbogen L 29 *(Klausur)*
- Heselhaus, **JA** 1994 (2 Teilbände!), 78 *(Klausur)*
- Frotscher, **JuS** 1994, Lernbogen L 12 *(Klausur)*
- Manssen, **JuS** 1990, Lernbogen L 28 *(Klausur)*
- Hildebrandt, **JuS** 1993, 581 *(Klausur)*

☑ Warnungen und Artikel 5 I GG
- Kremer, **Jura** 2008, 299 *(Klausur)*
- Selmer, **JuS** 1998, 73 *(Urteilsanmerkung)*
- Berg, **JuS** 1998, Lernbogen L 62 *(Klausur)*
- Koch, **JA** 1992, Ü 73 (gelbe Seiten) *(Klausur)*

☑ Die Rundfunk-/Pressefreiheit, Artikel 5 I 2 GG
- Jeand' Heur/Jorczyk, **Jura** 1999, 538 *(Hausarbeit)*
- Beaucamp, **JA** 1998, 209 *(Klausur)*
- Häussler, **JA** 1999, 276 *(Fallbesprechung)*
- Manssen, **JuS** 1999, Lernbogen L 93 *(Klausur)*
- Luthra, **JuS** 1999, Lernbogen L 4 *(Klausur)*
- Kunig, **Jura** 1995, 589 *(Grundlagenwissen)*
- Fischer, **JuS** 1998, Lernbogen L 85 *(Klausur)*
- Schenkewitz, **JA** 1995, 674 *(Klausur)*
- Merowitz, **Jura** 1993, 152 *(Hausarbeit)*
- Reidt, **Jura** 1992, 548 *(Klausur)*

☑ Die Kunstfreiheit, Artikel 5 III 1 GG
 📖 Betzinger, **JA** 2009, 125 *(Klausur)*
 📖 Schäfer, **JA** 2004, 549 *(Klausur)*
 📖 Fehling, **JuS** 1996, 431 *(Top-Klausur)*
 📖 Heselhaus, **JA** 1994 (2 Teilbände!), 78 *(Klausur)*
 📖 Fischer, **JuS** 1998, Lernbogen L 85 *(Klausur)*
 📖 Mückl, **Jura** 1998, 152 *(Klausur)*
 📖 Strauß, **JA** 1996, 577 *(Klausur)*
 📖 Merowitz, **Jura** 1993, 152 *(Hausarbeit)*
 📖 Hildebrandt, **JuS** 1993, 581 *(Klausur)*
 📖 Schmidt, **JA** 1992, Ü 222 (gelbe Seiten) *(Klausur)*

☑ Das Grundrecht von Ehe und Familie, Art. 6 GG
 📖 Kingreen, **Jura** 1997, 401 *(Grundlagenwissen)*

☑ Die Versammlungsfreiheit, Artikel 8 GG
 📖 Rozek, **JA** 2004, 901 *(Klausur)*
 📖 Enders, **Jura** 2003, 34; 103 *(Grundfälle)*
 📖 Gusy, **JA** 1993, 321 *(Grundlagenwissen)*
 📖 Gusy, **JuS** 1993, 555 *(Grundlagenwissen)*
 📖 Mayer, **JA** 1998, 345 *(Demo-Vorfeldkontrollen)*
 📖 Enders, **Jura** 1998, 642 *(Hausarbeit)*
 📖 Berg, **JuS** 1998, Lernbogen L 28 *(Klausur)*
 📖 Hohmann, **Jura** 1994, 434 *(Hausarbeit)*
 📖 Fleury, **JA** 1994 (2 Teilbände), Ü 34 *(Anfänger-Klausur)*
 📖 Schaefer, **JuS** 1993, Lernbogen L 3 *(Anfänger-Klausur)*
 📖 Kunig, **Jura** 1990, 150 *(Klausur)*

☑ Die Vereinigungsfreiheit, Artikel 9 GG
 📖 von Mutius, **Jura** 1984, 193 *(Grundlagenwissen)*
 📖 Kunig, **Jura** 1995, 384 *(Grundlagenwissen Parteiverbot)*

☑ Die Berufsfreiheit, Artikel 12 GG
 📖 Friehe, **JA** 2016, 602 *(Anfänger-Klausur)*
 📖 Kluth, **Jura** 2011, 223 *(Hausarbeit)*
 📖 Reuter, **Jura** 2009, 221 *(Klausur)*
 📖 Winkler, **JA** 2004, 631 *(Klausur)*
 📖 Kremer, **Jura** 2004, 135 *(Klausur)*
 📖 Frotscher, **JuS** 2000, Lernbogen L 21 *(Klausur)*
 📖 Jeand' Heur, **JuS** 1997, 728 *(Klausur)*
 📖 Erichsen, **Jura** 1995, 542 *(Klausur)*
 📖 Berg, **JuS** 1995, Lernbogen L 60 *(Klausur)*

📖 Nolte, **JA** 1992, Ü 150 (gelbe Seiten) *(Klausur)*
📖 Nolte, **JA** 1993, Ü 57 (gelbe Seiten) *(Klausur)*
📖 Specht, **JA** 1991, Ü 16 (gelbe Seiten) *(Grundlagenwissen)*
📖 Strauß, **JA** 1996, 577 *(Klausur)*
📖 Gusy, **JA** 1992, 257 *(Grundlagenwissen)*
📖 Seidel/Merle, **Jura** 1994, 542 *(Grundlagenwissen)*
📖 Langer, **JuS** 1993, 203 *(Grundlagenwissen)*
📖 Detterbeck, **Jura** 1997, 379 *(Klausur)*
📖 Heckmann, **JuS** 1987, 550 *(Klausur)*
📖 Schmidt, **JA** 1992, Ü 222 (gelbe Seiten) *(Klausur)*

☑ Warnungen und Artikel 12 GG
📖 Kremer, **Jura** 2008, 299 *(Klausur)*
📖 Selmer, **JuS** 1998, 73 *(Urteilsanmerkung)*
📖 Berg, **JuS** 1998, Lernbogen L 62 *(Klausur)*
📖 Koch, **JA** 1992, Ü 73 (gelbe Seiten) *(Klausur)*

☑ Der mittelbare Eingriff in Artikel 12 GG
📖 Rüssel, **JA** 1998, 406 *(Grundlagenwissen)*

☑ Die Unverletzlichkeit der Wohnung, Artikel 13 GG
📖 Ruthig, **JuS** 1998, 506 *(Grundlagenwissen)*

☑ Das Eigentum, Artikel 14 GG
📖 Kluth, **Jura** 2011, 223 *(Hausarbeit)*
📖 Lege, **Jura** 2011, 507; 826 *(Grundlagenwissen)*
📖 Callies, **JuS** 1999, 785 *(Klausur)*
📖 Hösch, **JA** 1998, 727 *(Grundlagenwissen)*
📖 Hösch, **JA** 1998, 571 (576) *(Klausur)*
📖 Heintschel, **JuS** 1993, 121 *(Top-Aufbau-Anleitung)*
📖 Nolte/Wernicke, **JA** 1993, Ü 57 (gelbe Seiten) *(Klausur)*
📖 Weber, **JuS** 1982, 852 *(Grundlagenwissen)*

☑ Die Enteignung des Eigentums, Artikel 14 GG
📖 Eschenbach, **Jura** 1997, 519 *(Grundlagenwissen)*

☑ Der Gleichheitssatz, Artikel 3 I GG
📖 Reuter, **Jura** 2009, 221 *(Klausur)*
📖 Greve, **Jura** 2009, 619 *(Klausur)*
📖 Scherzberg, **JA** 2004, 138 *(Grundlagenwissen)*
📖 Odendahl, **JA** 2000, 170 *(Grundlagenwissen)*
📖 Kreuzer, **Jura** 1996, 481 *(Klausur)*

▶ Das ❸ Semester

▸ Sachenrecht

Skript: Einführung in das Sachenrecht 1, ISBN 978-3-86724-024-6
Skript: Einführung in das Sachenrecht 2, ISBN 978-3-86724-025-3
Skript: Standardfälle Sachenrecht, ISBN 978-3-86724-004-8
MP3-CD: Basiswissen Mobiliarsachenrecht, ISBN 978-3-86724-095-6
MP3-CD: Basiswissen Immobiliarsachenrecht, ISBN 978-3-86724-099-4

☑ Übereignung beweglicher Sachen
📖 Jäckel, **JA** 2012, 339 *(Ex-Klausur „Perle in der Auster")*
📖 Zenker, **JA** 2010, 579 *(Klausur)*
📖 Weitemeyer, **JA** 1998, 854 *(Klausur)*
📖 Edenfeld, **JA** 1996, 557 *(Klausur)*
📖 Haack, **Jura** 1998, 475 *(Hausarbeit)*
📖 Bayreuther, **JA** 1998, 293 *(Klausur)*
📖 Schmidt, **JuS** 1988, 654 *(Fallbesprechung)*

☑ Der gutgläubige Erwerb, § 932 ff.
📖 Caspers, **Jura** 2011, 372 *(Examens-Klausur)*
📖 Fritzsche, **Jura** 2006, 375 *(Examensklausur §§ 931,934)*
📖 Witt, **JuS** 2003, 1091 *(Fortgeschrittenen-Klausur)*
📖 Kaller, **JA** 1997, 547 (549) *(Klausur)*
📖 Musielak, **JuS** 1992, 714 *(Grundlagenwissen)*
📖 Lenenbach, **Jura** 1997, 653 (657) *(Klausur)*
📖 Schreiber, **Jura** 1999, 150 *(Grundlagenwissen)*
📖 Dieckmann, **JA** 1990, Ü 237 (gelbe Seiten) *(Klausur)*
📖 Sonnenschein/Weitemeyer, **JA** 1994,2 Bände!, 382 *(Klausur)*

☑ Ist die Anfechtung der dinglichen Einigung möglich?
📖 Scherer, **Jura** 1992, 608 *(Grundlagenwissen)*

☑ Der Herausgabeanspruch gemäß § 985
📖 Caspers, **Jura** 2011, 372 *(Examens-Klausur)*
📖 Majer, **JA** 2009, 855 *(Examensklausur u.a. §§ 812, 985)*
📖 Doll, **JA** 2005, 504 *(Fortgeschrittenen-Klausur)*
📖 Schreiber, **Jura** 2005, 30 *(Grundlagenwissen)*
📖 Stamm, **JA** 2004, 885 *(Klausur zu §§ 985, 1007)*

100

📖 Hadding, **JuS** 2003, 154 *(Sparbuch-Klausur)*
📖 Witt, **JuS** 2003, 1091 *(Fortgeschrittenen-Klausur)*
📖 Bayreuther, **JuS** 2003, 769 *(Klausur)*
📖 Wagner, **JuS** 1995, 796 *(Klausur)*
📖 Fritsche, **Jura** 1995, 596 *(Klausur)*
📖 Kindl, **JA** 1996, 23 *(Grundlagenwissen)*

☑ Die Herausgabeansprüche gemäß §§ 861, 1007
📖 Caspers, **Jura** 2011, 372 *(Examens-Klausur)*
📖 Stamm, **JA** 2004, 885 *(Klausur zu §§ 985, 1007)*
📖 Petersen, **JA** 1999, 292 *(Klausur)*
📖 Kollhosser, **JuS** 1992, 215; 393; 567 *(Grundfälle)*
📖 Schreiber, **Jura** 1993, 440 *(Grundlagenwissen)*

☑ Eigentumserwerb gemäß § 950
📖 Repgen, **Jura** 2002, 267 *(Klausur)*
📖 Kaller, **JA** 1997, 547 (549) *(Klausur)*
📖 Haertlein, **JA** 1996, 89 *(Fallbesprechung)*
📖 Krause, **JA** 1991, Ü 213 (gelbe Seiten) *(Klausur)*

☑ Das Eigentümer-Besitzer-Verhältnis (EBV)
📖 Burbulla/Schreiber, **Jura** 2015, 276 *(Klausur)*
📖 Schulz, **JA** 2013, 425 *(Examens-Klausur)*
📖 Buchwitz, **Jura** 2011, 871 *(Klausur)*
📖 Steinbeck, **Jura** 2011, 943 *(Examens-Klausur)*
📖 Raue, **Jura** 2008, 501 *(Grundlagenwissen)*
📖 **JA** 2008, 417 *(Klausur)*
📖 Krackhardt, **Jura** 2006, 531 *(Examensklausur)*
📖 Roth, **JuS** 2003, 937 *(Grundlagenwissen)*
📖 Schreiber, **Jura** 1992, 356, 533 *(Grundfälle)*
📖 Roth, **JuS** 1997, 518, 710, 897, 1087 *(Grundfälle)*
📖 Köhler/Grimme, **JuS** 1987, 470 *(Klausur)*
📖 Hoeren, **JuS** 1996, 1094 *(Klausur)*
📖 Schmid, **JuS** 1988, 289 *(Klausur)*
📖 Kindl, **JA** 1996, 115 *(Grundlagenwissen)*

☑ Der Fremdbesitzerexzess
📖 Roth, **JuS** 1997, 518 *(Grundlagenwissen)*

☑ Der Verwendungsersatz, §§ 994, 996
📖 Zenker, **JA** 2008, 417 *(Klausur)*
📖 Hoeren/Hildebrink, **JuS** 1999, 668 *(Top-Klausur)*
📖 Häuberlein, **Jura** 1999, 419 *(Klausur)*

  Martinek, **JuS** 1999, Lernbogen L 35 *(Klausur)*
  Ann/Naumann, **JA** 1999, 20 *(Klausur)*
  Heiderhoff, **JA** 1998, 390 (395) *(Klausur)*
  Kaller, **JA** 1997, 547 (553) *(Klausur)*
  Kindl, **JA** 1996, 201 *(Grundlagenwissen)*

☑ Der Bösgläubige im EBV
  Müller, **JuS** 1983, 516 *(Grundfälle)*

☑ Der Eigentumsvorbehalt
  Hoffmann, **Jura** 1995, 457 *(Grundlagenwissen)*
  Giesen, **Jura** 1994, 194 (195) *(Grundlagenwissen)*

☑ Das Streckengeschäft
  Ann, **JA** 1999, 529 *(Fallbesprechung)*

☑ Gutgläubiger Erwerb eines Werkunternehmerpfandrechts ?
  Derleder/Pallas, **JuS** 1999, 367 *(Klausur)*
  Schreiber, **Jura** 1995, 497 *(Grundlagenwissen)*
  Schnee/Gronauer, **JA** 1998, 642 *(Grundlagenwissen)*
  Stock, **JA** 1997, 458 *(Fallbesprechung)*

☑ Das Anwartschaftrecht
  Krüger, **JuS** 1994, 905 *(Grundlagenwissen)*
  Haas, **JA** 1998, 23; 115; 846 *(Grundlagenwissen)*
  Singer, **JA** 1998, 466 *(Klausur)*
  Müller/Laube, **JuS** 1993, 529 *(Grundlagenwissen)*

☑ Die Sicherungsübereignung
  Weitemeyer **JA** 1998, 854 (856) *(Klausur)*
  Pöggeler, **JA** 1996, 551 *(Grundlagenwissen)*

☑ Die Sicherungsabtretung
  Pöggeler, **JA** 1996, 551 *(Grundfälle)*

☑ Freigabeklauseln bei Globalsicherheiten
  Klanten, **JA** 1998, 737 *(Grundlagenwissen)*

☑ Das Flaschenpfand als Rechtsproblem
  Schmitz, **JA** 1993, Ü 73 (Gelbe Seiten) *(Klausur)*

☑ Der Grundbuchberichtigungsanspruch, § 894
  Stumpf, **JuS** 1992, 935 *(Klausur)*
  Köbler, **JuS** 1982, 181 *(Grundlagenwissen)*
  Edenfeld, **JA** 1996, 122 *(Klausur)*

☑ Die Hypothek
📖 Luth, **JA** 2004, 453 *(Top-Klausur, Einheits-/Trennungstheorie)*
📖 Reischel, **JuS** 1998, 125; 220, 318; 414; 516 *(Grundfälle)*
📖 Reiff/Arnold, **Jura** 1999, 474 *(Hausarbeit)*
📖 Kollhosser, **JA** 1991, Ü 1 (gelbe Seiten) *(Klausur)*
📖 Mittenzwei, **JA** 1991, Ü 73 (gelbe Seiten) *(Klausur)*
📖 Coester-Waltjen, **Jura** 1991, 186 *(Grundlagenwissen)*

☑ Die Grundschuld
📖 Reischel, **JuS** 1998, 614 *(Grundfälle)*

☑ Gutgläubiger Erwerb unbeweglicher Sachen, § 892
📖 Schreiber/Burbulla, **Jura** 1999, 491 *(Grundlagenwissen)*

☑ Das Unternehmenszubehör im Hypothekenverband, § 1120 ff.
📖 Eckhart, **Jura** 1997, 439 *(Grundlagenwissen)*

☑ Die Sicherungsgrundschuld
📖 Cordes, **Jura** 1990, 594 *(Hausarbeit)*
📖 Schanbacher, **JuS** 1999, 45 *(Klausur)*

☑ Der Anspruch auf Duldung der Zwangsvollstreckung, § 1147
📖 Kaller/Eberz, **JuS** 1995, 707 *(Klausur)*
📖 Kollhosser, **Jura** 1989, 148 (150) *(Klausur)*

☑ Der gutgläubige Erwerb einer Vormerkung, § 883
📖 Stamm, **Jura** 2006, 133 *(Examensklausur)*
📖 Stamm, **JuS** 2003, 48 *(Grundlagenwissen)*
📖 Derleder/Dewenter, **JA** 1999, 551 *(Klausur)*
📖 Schreiber, **Jura** 1994, 493 *(Grundlagenwissen)*
📖 Edenfeld, **JA** 1996, 122 *(Klausur)*

▶ Verwaltungsrecht/ Verwaltungsprozessrecht

Studienbuch: Verwaltungsrecht AT, ISBN 978-3-86724-083-3
Skript: Standardfälle Verwaltungsrecht AT, ISBN 978-3-86724-062-8
Skript: Verwaltungsrecht AT 1, ISBN 978-3-86724-072-7
Skript: Verwaltungsrecht AT 2, ISBN 978-3-86724-073-4
MP3-CD: Basiswissen Verwaltungsrecht AT, ISBN 978-3-86724-093-2

☑ Zulässigkeit einer Klage vor dem Verwaltungsgericht
📖 Ehlers, **Jura** 2007, 830 ff.; 2008, 183 ff.; 359 ff. *(Grundlagen)*
📖 Erichsen, **Jura** 1994, 418; 476 *(Grundlagenwissen)*

☑ Die Klagearten im Verwaltungsprozess
📖 Hufeld, **JA** 1998, 520 *(Grundfälle)*
📖 Janssen, **JA** 1991, Ü 206 (gelbe Seiten) *(Grundlagenwissen)*

☑ Die Anfechtungsklage
📖 Schmehl, **JA** 2010, 128 *(Klausur)*
📖 Rossen-Stadtfeld, **JA** 2010, 199 *(Anfänger-Klausur)*
📖 Martini, **JuS** 2003, 266 *(Klausur)*
📖 Ehlers, **Jura** 2004, 30, 176 *(Grundlagenwissen)*
📖 Jahn, **JA** 1998, 212 *(Klausur)*
📖 Martens/Osswald, **JA** 1997, 673 *(Klausur)*
📖 Brugger, **JuS** 1990, 566 *(Klausur)*
📖 Breier, **Jura** 1992, 264 *(Hausarbeit)*
📖 Horn, **Jura** 1994, 269 *(Klausur)*
📖 Hermes/Leimkühler, **Jura** 1996, 374 *(Hausarbeit)*
📖 Becker, **Jura** 1996, 604 *(Grundlagenwissen)*
📖 Determann, **Jura** 1995, 602 *(Hausarbeit)*

☑ Die Klagebefugnis
📖 Erichsen, **Jura** 1989, 220 *(Grundlagenwissen)*

☑ Die Nebenbestimmungen, § 36 VwVfG
📖 Schmehl, **JA** 2010, 128 *(Klausur)*
📖 Heidebach, **JA** 2009, 797 *(Examens-Klausur)*
📖 Förster/Sander, **JuS** 1999, 892 *(Klausur)*
📖 Jahndorf, **JA** 1999, 676 *(Grundlagenwissen)*
📖 Fehling, **JA** 1995, 945 *(Grundlagenwissen)*
📖 Erichsen, **Jura** 1990, 214 *(Grundlagenwissen)*

☑ Die Verpflichtungsklage
📖 Tschentscher, **JuS** 2003, 345 *(Klausur)*
📖 Pade, **Jura** 1996, 648 *(Grundlagenwissen)*
📖 Schmehl, **JA** 1997, 866 *(Klausur)*

☑ Die Leistungsklage
📖 Ruffert, **Jura** 2003, 633 *(Klausur)*
📖 Gröpl, **Jura** 2003, 778 *(Klausur)*
📖 Erichsen, **Jura** 1992, 384 *(Grundfälle)*
📖 Deubert/Müller, **JA** 1993, Ü 195 (gelbe Seiten) *(Klausur)*

☑ Die Fortsetzungsfeststellungsklage
📖 Pünder, **JA** 2016, 115 *(Fortg.-Klausur POR)*
📖 Heyen, **JA** 2013, 359 *(Fortg.-Klausur POR)*
📖 Rubel, **JA** 2010, 281 *(Examens-Klausur)*
📖 Ingold, **JA** 2009, 711 *(Grundlagen)*

- Külling, **Jura** 2005, 198 *(Klausur)*
- Ogorek, **JA** 2002, 222 *(Klausur)*
- Jahn, **JA** 1997, 952 *(Klausur)*
- Jahn, **JA** 1997, 303 *(Klausur)*
- Erichsen/Weiß, **Jura** 1993, 103 *(Klausur)*
- Rozek, **JA** 1996, 224 *(Klausur)*
- Rozek, **Jura** 1995, 492 *(Klausur)*
- Lüdemann, **Jura** 1997, 90 *(Klausur)*

☑ Die Normenkontrolle, § 47 VwGO
- Hendler, **Jura** 2005, 409 *(Klausur)*
- Ehlers, **Jura** 2005, 171 *(Grundlagen)*

☑ Der einstweilige Rechtsschutz nach § 80 VwGO
- Penz, **Jura** 2016, 802 *(Fortg.-Klausur VersamlR § 80 V VwGO)*
- Broemel, **JA** 2013, 604 *(Ex.-Klausur POR § 80 V VwGO)*
- Erbguth, **JA** 2008, 357 *(Grundlagen)*
- Erichsen, **Jura** 1984, 414; 478 *(Grundfälle)*
- Proppe, **JA** 1996, 332 *(Grundlagen)*
- Jobs, **JA** 1998, 135 *(Klausur)*
- Bodanowitz, **JuS** 1999, 574 *(Klausur)*

☑ Der einstweilige Rechtsschutz nach § 123 VwGO
- Loos, **JA** 2001, 871 *(Grundlagenwissen)*
- Mückl, **JA** 2000, 329 *(Grundlagenwissen)*
- Jobs/Korthaus, **JA** 1999, 131 *(Klausur)*
- Erichsen, **Jura** 1984, 644 *(Grundlagenwissen)*
- Rozek, **Jura** 1998, 544 *(Klausur)*
- Leimkühler, **JA** 1997, 766 *(Klausur)*
- Mann, **Jura** 1991, 376 *(Hausarbeit)*

☑ Die Klagefrist, § 74 I VwGO
- Deckenbrock, **Jura** 2003, 476 *(Top-Grundlagenwissen)*
- Lemke, **JA** 1999, 422 *(Grundlagenwissen)*
- Becker, **Jura** 1996, 604 (605) *(Grundlagenwissen)*

☑ Das Widerspruchsverfahren
- Schoch, **Jura** 2003, 752 *(Grundfälle)*
- Deckenbrock, **Jura** 2003, 476 *(Top-Grundlagenwissen)*
- Wollenschläger, **JA** 1996, 477 *(Klausur)*
- Ehlers, **Jura** 1984, 427 *(Hausarbeit)*

☑ Die reformatio in peius im Widerspruchsverfahren
- Meister, **JA** 2002, 567 *(Grundlagenwissen)*
- Jaroschek, **JA** 1997, 668 *(Grundlagenwissen)*

☑ Rücknahme eines VAs gemäss §§ 48, 49 VwVfG
📖 Bodanowitz, **JuS** 1999, 574 *(Klausur)*
📖 Erichsen/Brügge, **Jura** 1999, 155 *(Grundlagenwissen)*
📖 Erichsen/Brügge, **Jura** 1999, 496 *(Grundlagenwissen)*
📖 Epping, **JA** 1990, Ü 144 (gelbe Seiten) *(Klausur)*

☑ EU-widrige staatliche Beihilfe und § 48 VwVfG
📖 Gurlit, **Jura** 2011, 87 (Grundwissen)
📖 Schütz/Dibelius, **Jura** 1998, 427 *(Grundlagenwissen)*
📖 Michaelis, **JA** 1997, 754 *(Grundlagenwissen)*
📖 Kahl, **JA** 1996, 857 *(Grundlagenwissen)*

☑ Der öffentlich-rechtliche Erstattungsanspruch
📖 Ruffert, **Jura** 2003, 633 *(Klausur)*
📖 Gröpl, **Jura** 2003, 778 *(Klausur)*
📖 Schoch, **Jura** 1994, 82 *(Grundlagenwissen)*
📖 Erichsen/Scherzberg, **Jura** 1994, 212 *(Klausur)*

☑ Der öffentlich-rechtliche Unterlassungsanspruch
📖 Jobs/Korthaus, **JA** 1999, 131 *(Klausur)*

☑ Der Folgenbeseitigungsanspruch (FBA)
📖 Stangl, **JA** 1997, 138 *(Grundlagenwissen)*
📖 Brugger, **JuS** 1999, 625 *(Grundlagenwissen)*
📖 Schloer, **JA** 1992, 39 *(Grundfälle)*
📖 Schoch, **Jura** 1993, 478 *(Grundfälle)*
📖 Detterbeck, **Jura** 1990, 38 *(Klausur)*
📖 Deubert/Müller, **JA** 1993, Ü 195 (gelbe Seiten) *(Klausur)*

☑ Warnungen durch einen Hoheitsträger (FBA)
📖 Hösch, **JA** 1997, 564 *(Klausur)*
📖 Muckel, **JA** 1995, 343 *(Grundlagenwissen)*
📖 Jobs/Korthaus, **JA** 1999, 131 *(Klausur)*

☑ Die Ersatzvornahme
📖 Mehde, **Jura** 1998, 297 *(Grundlagenwissen)*
📖 Proppe, **JA** 1990, Ü 199 (gelbe Seiten) *(Klausur)*

☑ Der „PKW-Abschleppfall"/ Verwaltungsvollstreckung
📖 Klein, **JA** 2004, 545 *(Grundlagenwissen)*
📖 Fischer, **JuS** 2002, 446 *(Grundlagenwissen)*
📖 Michaelis, **JA** 1997, 374 *(Fallbesprechung)*
📖 Janssen, **JA** 1996, 165 *(Grundlagenwissen)*
📖 Tünnesen-Harmes, **Jura** 1992, 45 *(Klausur)*

106

☑ Der öffentlich-rechtliche Vertrag
📖 Butzer/Clever, **Jura** 1995, 325 *(Klausur)*
📖 Scherzberg, **JuS** 1992, 205 *(Grundlagenwissen)*

▶ Das ❹ Semester

▸ Familienrecht

Skript: Familienrecht, ISBN 978-3-86724-026-0
Skript: Standardfälle Familien- und Erbrecht, ISBN 978-3-86724-005-5
Skript: Basiswissen FamilienR (Fra.-Antw.), ISBN 978-3-86724-037-6
MP3-CD: Basiswissen FamilienR (Fra.-Antw.), ISBN 978-3-86724-097-0

☑ 9 Fragen aus dem Familienrecht
📖 Heinrichsmeyer, **JA** 1990, Ü 184; Ü 205 (gelbe Seiten)

☑ Grundlagen
📖 Preisner, **JA** 2010, 424; 505; 584; 705 (Grundfälle)
📖 Hilbig, **JA** 2009, 910 (Grundlagen Scheidungsverfahren)

☑ Das Berliner Testament; Erbschaftsausschlagung; Anfechtung
📖 von Mayenburg, **Jura** 2011, 48 *(Examens-Klausur)*

☑ Die Mitverpflichtung des Ehegatten, § 1357
📖 Löhnig, **JA** 2016, 255 *(Fortg.-Klausur)*
📖 Löhnig/Schneider, **JA** 2015, 255 *(Klausur)*
📖 Warga, **JA** 2011, 504 *(Examens-Klausur)*
📖 Beller, **Jura** 2009, 612 *(Klausur)*
📖 Huber, **Jura** 2003, 145 *(Grundlagenwissen)*
📖 Kindl, **JuS** 2002, 994 *(Grundlagenwissen)*
📖 Pauli/Legleitner, **Jura** 1995, 193 *(Fallbesprechung)*
📖 Harder, **Jura** 1989, 91 *(Klausur)*
📖 Bydlinski, **Jura** 1995, 316 (317) *(Klausur)*

☑ Hat § 1357 dingliche Wirkung?
📖 BGH **NJW** 1991, 2283 *(Grundlagenwissen)*

☑ Der Zugewinnausgleich, § 1374
📖 Löhnig, **JA** 2010, 321 *(Grundlagenwissen)*
📖 Keller, **JA** 2010, 287 *(Grundlagenwissen)*
📖 Beller, **Jura** 2009, 612 *(Klausur)*
📖 Schöpflin, **JA** 2004, 527 *(Klausur)*
📖 Rauscher, **Jura** 2003, 465 *(Grundlagenwissen)*
📖 v. Heintschel-Heinegg, **JA** 1996, 183 *(Grundlagenwissen)*

107

☑ Die Verfügungsbeschränkung über das Vermögen, § 1365
📖 Guski, **Jura** 2011, 624 *(Hausarbeit)*
📖 Stock, **JA** 1997, 7 *(Fallbesprechung)*
📖 Edenfeld, **JA** 1996, 122 *(Klausur)*
📖 Finkenauer, **JA** 1994 (2 Teilbände!), 112 *(Klausur)*

☑ Die Verfügungsbeschränkung ü. Haushaltsgegenstände, § 1369
📖 Löhnig, **JA** 2016, 255 *(Fortg.-Klausur)*
📖 Löhnig/Schneider, **JA** 2015, 255 *(Klausur)*
📖 Schreiber, **Jura** 1989, 553 *(Grundlagenwissen)*
📖 Jayme, **JuS** 1986, 893 *(Klausur)*

☑ Die unbenannte Zuwendung unter Ehegatten
📖 v. Heintschel-Heinegg, **JA** 1997, 91 *(Fallbesprechung)*

☑ Ausgleichsansprüche bei nichtehelicher Lebensgemeinschaft

Achtung! Nach der **Rechtsprechung des BGH** (BGH 09.07.2008, XII ZR 179/05) müssen nach einer Trennung die Leistungen ausgeglichen werden, die *über den Aufwand für das tägliche Zusammenleben hinausgehen*, z.B. Geld und Arbeitsleistungen für einen Hausbau, § 812 I S. 2, 2. Alt. oder nach WGG!

📖 Halfmeier, **JA** 2008, 97 *(Grundlagen)*
📖 Wiebe, **JuS** 1995, 227 *(Klausur)*

☑ Pflichten aus der ehelichen Lebensgemeinschaft, § 1353
📖 Stake, **JA** 1994 (2 Teilbände!),115 *(Grundlagenwissen)*

☑ Der Verwandtenunterhalt
📖 Moritz, **JA** 1999, 70 *(Grundfälle)*

▸ **Handelsrecht**

Skript: Handelsrecht, ISBN 978-3-86724-120-5
Skript: Basiswissen Handelsrecht (Fra.-Antw.), ISBN 978-3-86724-134-2
Skript: Standardfälle Handels-& GesellschaftsR, ISBN 978-3-86724-122-9
Audio-CD: Basiswissen Handelsrecht, ISBN 978-3-86724-086-4

☑ Grundfälle aus dem Handels- und Gesellschaftsrecht
📖 Preisner, **JA** 2011, 826; **JA** 2012, Seite 21 u. 163 *(Grundfälle)*

☑ Das Handelsregister, § 15 HGB
📖 Harnos/Konken, **Jura** 2015, 844 *(Examens-Klausur)*
📖 Tröller, **JA** 2000, 27 *(Grundlagenwissen)*
📖 Hohmeister, **JA** 1999, 382 *(Klausur)*
📖 Bayer, **JA** 1996, 292 *(Klausur)*

☑ Die Haftung nach § 25 HGB wegen Firmenfortführung
📖 Scheibenpflug, **JA** 2015, 169 *(Klausur)*
📖 Lieder, **JA** 2011, 658 *(Klausur u.a. zu § 25 HGB)*
📖 Jakob, **JA** 2008, 101 *(Klausur u.a. zu §§ 25, 27 HGB)*
📖 Schmidt, **JuS** 1987, 658 *(Fallbesprechung)*

☑ Der gute Glaube an die Verfügungsbefugnis, § 366 HGB
📖 Fritzsche, **Jura** 1995, 596 (597) *(Klausur)*

☑ Die Rügeobliegenheit, § 377 HGB
📖 Scheibenpflug, **JA** 2015, 169 *(Klausur)*
📖 Bredemeyer, **JA** 2009, 161 *(Grundlagenwissen)*
📖 Schöpflin, **JA** 1998, 196 (198) *(Klausur)*
📖 Hohmeister, **JA** 1999, 382 *(Klausur)*
📖 Bender, **Jura** 1997, 434 (435) *(Klausur)*
📖 Dörner/Fußbahn, **Jura** 1996, 598 (601) *(Klausur)*
📖 Schwark, **JA** 1991, Ü 49 (gelbe Seiten) *(Klausur)*

☑ Die Prokura, § 48 HGB
📖 Harnos/Konken, **Jura** 2015, 844 *(Examens-Klausur)*
📖 Lessmann/Vogel, **Jura** 1997, 305 (307) *(Klausur)*
📖 Bayer/Weiden, **JA** 1996, 292 *(Klausur)*
📖 Hohmeister, **JA** 1997, 852 (856) *(Klausur)*

☑ Die Handlungsvollmacht, § 54 HGB
📖 Lenenbach, **Jura** 1997, 653 (655) *(Klausur)*

☑ Kontokorrent, § 355 HGB
📖 Schmidt, **JuS** 1986, 160 *(Grundlagenwissen)*

☑ Das kaufmännische Bestätigungsschreiben
📖 Scheibenpflug, **JA** 2015, 169 *(Klausur)*
📖 v.Wallenberg/Paulus, **JA** 2006, 28 *(Grundlagen)*

▶ **Polizei- und Ordnungsrecht**

Skript: Standardfälle Polizei- und OrdnR, ISBN 978-3-86724-190-8
Skript: Verwaltungsrecht BT 1- POR, ISBN 978-3-86724-074-1
Skript: Verwaltungsrecht BT 3- UmweltR, ISBN 3-936733-72-4
MP3-CD: Definitionen für die Klausur im Öff.R., ISBN 978-3-86724-085-7

☑ Top-Grundfälle zum Polizei- und Ordnungsrecht
📖 Beaucamp, **JA** 2009, 279 *(Grundfälle)*
📖 Schoch, **JuS** 1994, 391; 479; 570; 667; 754; 849; 932;
   1026; **JuS** 1995, 30; 215; 307; 504 *(Grundfälle)*

☑ Die „Gefahr" im Polizei- und Ordnungsrecht
📖 Broemel, **JA** 2013, 604 *(Ex.-Klausur POR § 80 V VwGO)*
📖 Heyen, **JA** 2013, 359 *(Fortg.-Klausur POR)*

📖 Unkroth, **Jura** 2008, 464 *(Klausur)*
📖 Schoch, **Jura** 2003, 472 *(Grundlagenwissen)*
📖 Brandt/Smeddink, **Jura** 1994, 225 *(Grundlagenwissen)*

☑ Der „PKW-Abschleppfall"/ Verwaltungsvollstreckung
📖 Fischer, **JuS** 2002, 446 *(Grundlagenwissen)*
📖 Michaelis, **JA** 1997, 374 *(Fallbesprechung)*
📖 Janssen, **JA** 1996, 165 *(Grundlagenwissen)*
📖 Tünnesen-Harmes, **Jura** 1992, 45 *(Klausur)*

☑ Obdachlosigkeit als Gefahr
📖 Erichsen, **Jura** 1998, 371*(Grundlagenwissen)*
📖 Detterbeck, **Jura** 1990, 38 *(Klausur)*

☑ Altlasten als Gefahr
📖 Gornig/Pagels, **Jura** 1998, 591*(Grundlagenwissen)*
📖 Pietzcker, **JuS** 1986, 719 *(Klausur)*

☑ Anscheinsgefahr, Gefahrenverdacht, Putativgefahr
📖 Erichsen, **Jura** 1995, 219 *(Grundfälle)*
📖 Gerhardt, **Jura** 1987, 521*(Grundlagenwissen)*

☑ Der Zweckveranlasser
📖 Schoch, **Jura** 2009, 360 *(Grundlagenwissen)*
📖 Erbel, **JuS** 1985, 257 *(Grundlagenwissen)*

☑ Der (Zustands-)Störer
📖 Pischel, **JA** 1999, 43 *(Grundlagenwissen)*
📖 v. Mutius, **Jura** 1983, 298 *(Grundlagenwissen)*

☑ Die Auswahl bei Störermehrheit
📖 Jobs, **JA** 1998, 135 *(Klausur)*

☑ Das Versammlungsrecht
📖 Penz, **Jura** 2016, 802 *(Fortg.-Klausur VersamlR § 80 V VwGO)*
📖 Ebert, **JA** 2016, 355 *(Fortg.-Klausur)*
📖 Rozek, **Jura** 1995, 492 *(Klausur)*
📖 Rozek, **JA** 1996, 224 *(Klausur)*

☑ Vorfeldkontrollen bei Demonstrationen
📖 Mayer, **JA** 1998, 345 *(Grundlagenwissen)*

☑ Das Besondere Verwaltungsrecht (GewO, BImSchG etc.)
📖 Wendt, **Jura** 2012, 314 *(Klausur zum GaststättenG)*
📖 Micker, **JuS** 2003, 556; 660; 860; 970 *(Grundlagenwissen)*

☑ Die Gewerbeuntersagung wegen Unzuverlässigkeit, § 35 GewO
📖 Frotscher, **JuS** 1983, 114; 521 *(Grundlagenwissen)*
📖 Jochum, **JuS** 2003, 1101 *(Examensklausur zu § 35 GewO)*

☑ Das Immissionsschutzgesetz
📖 Pache, **Jura** 1996, 648 *(Klausur)*

▶ Das ❺ Semester

▶ Erbrecht

> Skript: Erbrecht, ISBN 978-3-86724-027-7
> Skript: Standardfälle Familien- und Erbrecht, ISBN 978-3-86724-005-5
> Skript: Basiswissen Erbrecht (Frage-Antwort), ISBN 978-3-86724-038-3
> MP3-CD: Basiswissen Erbrecht (Fra.-Antw.), ISBN 978-3-86724-096-3

☑ Grundfälle aus dem Familien- und Erbrecht
📖 Preisner, **JA** 2010, 424; 505; 584; 705

☑ Die Erbfolge
📖 Gerlach, **Jura** 2003, 774 *(Fortgeschrittenen-Klausur)*
📖 Helms, **JA** 1997, 757 *(Klausur)*
📖 Belling, **Jura** 1986, 579; 625 *(Grundlagenwissen)*
📖 Olzen, **Jura** 1998, 135 *(Grundlagenwissen)*

☑ Das Testament
📖 Schreiber, **Jura** 1996, 360 *(Grundlagenwissen)*

☑ Die Auslegung des Testaments
📖 Schüßler, **Jura** 2016, 916 *(Fortg.-Klausur inkl. Anfechtung)*
📖 Brox, **JA** 1984, 549 *(Grundfälle)*

☑ Der Erbvertrag und das gemeinschaftliche Testament
📖 Helms, **Jura** 2003, 47 *(Hausarbeit)*
📖 Heinrichsmeier, **JuS** 2000, 49 *(Klausur)*
📖 Schreiber, **Jura** 1996, 409 *(Grundlagenwissen)*
📖 Nolting, **JA** 1993, 129 *(Grundlagenwissen)*

☑ Ehegattenerbrecht und -pflichtteilsrecht
📖 Herrller, **JA** 2008, 450 *(Grundlagenwissen)*

☑ Der Pflichtteilsanspruch, der Pflichtteilsergänzungsanspruch
📖 Guski, **Jura** 2011, 624 *(Hausarbeit)*
📖 Werner, **Jura** 2003, 410 *(Klausur)*
📖 Helms, **Jura** 2003, 47 *(Hausarbeit)*
📖 Becker, **JuS** 1984, 378 *(Klausur)*

☑ Der Herausgabeanspruch gemäß § 2018
📖 Deinert, **Jura** 2004, 127 *(Examensklausur)*
📖 Olzen, **Jura** 2001, 223 *(Grundlagenwissen)*
📖 Werner, **JuS** 2000, 779 *(Klausur)*
📖 Harder, **JuS** 1991, 216 *(Klausur)*
📖 Wieling, **JA** 1990, Ü 117 (gelbe Seiten) *(Klausur)*
📖 Olzen, **JuS** 1989, 376 *(Grundlagenwissen)*

☑ Der Erbschein, § 2353
📖 Medicus, **Jura** 2001, 294 *(Grundlagenwissen)*
📖 Lüke/Kerwer, **JuS** 1995, 998 *(Klausur)*
📖 Böhr/Dedek, **Jura** 1999, 194 *(Klausur)*

☑ Die Vor- und Nacherbschaft
📖 Lüke, **JuS** 1988, 133 *(Klausur)*

☑ Die Form des § 2301 bei Schenkungen
📖 Deinert, **Jura** 2004, 127 *(Examensklausur)*
📖 Schreiber, **Jura** 1995, 160 *(Grundlagenwissen)*
📖 Otte, **Jura** 1993, 643 *(Der Bonifatiusfall)*

☑ Nichtigkeit eines Testaments wegen Sittenwidrigkeit
📖 Hohloch, **JuS** 1987, 906 *(Grundlagenwissen)*

 ▶ **Gesellschaftsrecht**

Skript: Gesellschaftsrecht, ISBN 978-3-86724-121-2
Skript: Standardfälle Handels-& GesellschaftsR, ISBN 978-3-86724-122-9
Skript: Basiswissen GesellschaftsR (Fra.-Aw.), ISBN 978-3-86724-135-9
MP3-CD: Basiswissen GesellschaftsR, ISBN 978-3-86724-087-1

☑ Grundfälle aus dem Handels- und Gesellschaftsrecht
📖 Preisner, **JA** 2011, 826; **JA** 2012, Seite 21 u. 163 *(Grundfälle)*
☑ Die Haftung bei Personengesellschaften

📖 Lieder, **JA** 2011, 658 *(Klausur u.a. Kommanditistenhaftung)*
📖 Müller, **JA** 2005, 602 *(Klausur zur KG)*
📖 Altmeppen, **NJW** 2003, 1553 *(Grundlagen)*
📖 Klöhn, **JuS** 2003, 360 *(Klausur)*
📖 Leßmann/Blinne, **Jura** 2000, 85 *(Klausur)*
📖 Schmidt, **JuS** 1987, 495 *(Fallbesprechung)*
📖 Haertlein, **JA** 1996, 382 *(Klausur)*
📖 Schwarz, **JuS** 1989, 988 *(Klausur)*
📖 Dieckmann, **JA** 1990, Ü 93 (gelbe Seiten) *(Klausur)*
📖 Bülow/Schumann, **JuS** 1988, 796 *(Klausur)*
📖 Lindacher, **JuS** 1981, 578; **JuS** 1982, 36 *(Grundlagen)*
📖 Eckert, **JuS** 1986, 122 *(Grundlagenwissen)*

☑ Die (Haftung der) Vor-GmbH
📖 Kirchner, **JA** 2008, 340 *(Examens-Klausur)*
📖 Grosskreuz, **JA** 2005, 347 *(Klausur)*

☑ Grundfälle zum Recht der GmbH
📖 Langenbucher, **JuS** 2004, 387 *(Grundfälle)*

☑ Die Haftung einer GbR
📖 Lange, **Jura** 2015, 547 *(Grundlagenwissen)*
📖 Weber, **JuS** 2000, 313 (317) *(Grundlagenwissen)*

☑ Die Fortsetzungsklausel
📖 Schulz, **JA** 1999, 424 *(Grundlagenwissen)*
📖 Proppe, **JA** 1999, 681 *(Grundlagenwissen)*
📖 Rapsch, **Jura** 1990, 473 *(Klausur)*

☑ Die fehlerhafte Gesellschaft
📖 Martinek, **JuS** 1990, 45 *(Klausur)*
📖 Haertlein, **JA** 1996, 382 *(Klausur*

 ▶ **Strafprozessrecht (StPO)**

Skript: StPO, ISBN 978-3-86724-128-1
Skript: Basiswissen StPO (Frage-Antwort), ISBN 978-3-86724-137-3
MP3-CD: Basiswissen StPO (Frage-Antwort), ISBN 978-3-86724-094-9

113

☑ Abschlussklausur zur StPO
📖 Bock, **JA** 2013, 667 *(Klausur)*

☑ 17 Fragen aus der StPO
📖 Fahl, **JA** 2006, 34 *(Grundlagenwissen)*

☑ Die Stellung und Tätigkeit des Staatsanwalts
📖 Schneider, **Jura** 1999, 62 *(Grundlagenwissen)*

☑ Die Verdachtsstufen der StPO
📖 Solbach, **JA** 1995, 964 *(Grundlagenwissen)*

☑ *Legalitätsprinzip*, § 152 II (lesen!)
☑ *Akkusationsprinzip,* § 170 (lesen!)
☑ *Opportunitätsprinzip*, Einstellung gemäss § 153 ff.
☑ *Öffentlichkeitsgrundsatz*, § 169 GVG (lesen!)
☑ *Unmittelbarkeitsgrundsatz*, § 250 (lesen!)

Wichtige Vorschriften (lesen!)
☑ Auskunftsverweigerungsrecht, § 55 (lesen!)
☑ Schweigerecht Beschuldigter, §§ 136 I, 243 IV (lesen!)
☑ Störungen in der Hauptverhandlung, §§ 176 ff. GVG
☑ Blutprobeentnahme, § 81 a (lesen!)
☑ Nachtragsanklage, § 266 (lesen!)
☑ Vorläufige Entziehung der Fahrerlaubnis, § 111a
☑ Beschlagnahme Führerschein, § 94 (lesen!)
☑ Endgültige Entziehung der Fahrerlaubnis, § 69 StGB

☑ Der Haftbefehl, § 112
📖 Schöpe, **Jura** 2016, 435 *(Zwischenprüfungsklausur)*

☑ Zeugnisverweigerungsrechte, §§ 52, 53, 54, 76
📖 Mitsch, **Jura** 1998, 306 (312) *(Fallbesprechung)*

☑ Abgrenzung Beweisantrag - Beweisermittlungsantrag
📖 v. Heintschel-Heinegg, **JA** 1996, 449 *(Fallbesprechung)*

☑ Das Beweisverwertungsverbot, das Beschlagnahmeverbot
📖 Putzke, **Jura** 2015, 95 *(Examens-Klausur)*
📖 Ladiges, **Jura** 2011, 552 *(Examens-Klausur)*
📖 Kraatz, **Jura** 2011, 170 *(Grundl. Beweisverbot des § 252)*
📖 Ambos, **Jura** 2011, 874 *(Abschluss-Klausur)*
📖 Krumdiek, **JA** 2010, 191 *(Klausur Beschlagnahmeverbot)*
📖 Walther, **JA** 2010, 32 *(Grundlagen Beweisverwertungsverbot)*
📖 Rose, **JA** 1998, 400 *(Grundfälle Beweisverwertungsverbot)*
📖 Fahl, **JA** 1998, 754 *(Fallbesprechung)*

☑ Rechtskreistheorie, Fernwirkung von Beweisverboten
📖 Rose/Witt, **JA** 1997, 762 *(Grundlagenwissen)*

☑ Die „Hörfalle"
📖 Lesch, **JA** 1997, 15 *(Grundlagenwissen)*

☑ Der Strafklageverbrauch, Art 103 III GG
📖 Mitsch, **Jura** 1993, 381 *(Grundlagenwissen)*

☑ Das Klageerzwingungsverfahren, § 172
📖 Satzger, **JA** 1997, 624 *(Grundlagenwissen)*

☑ Die Revision, §§ 335 ff.
📖 Mitsch, **Jura** 1998, 306 *(Fallbesprechung)*
📖 Saal, **Jura** 1998, 649 *(Klausur)*

 ▶ **Baurecht**

Skript: Verwaltungsrecht BT 2 - Baurecht, ISBN 978-3-86724-075-8
Skript: Standardfälle Baurecht, ISBN 978-3-86724-063-5
MP3-CD: Basiswissen BauR (Frage-Antwort), ISBN 978-3-86724-186-1

☑ Die Rechtmäßigkeit eines Bebauungsplans
📖 Möller, **Jura** 2011, 54 *(Fortg.-Hausarbeit)*
📖 Bamberger, **JA** 1999, 213 *(Klausur)*

☑ Das Bauplanungsrecht
📖 Möller, **Jura** 2011, 54 *(Fortg.-Hausarbeit)*
📖 Hanke, **JA** 2011, 202 *(Fortg.-Klausur)*
📖 Richter, **JA** 2011, 521 *(Hausarbeit; Nachbarklage)*
📖 Pagel, **Jura** 2008, 66 *(Fortg.-Hausarbeit)*
📖 Damann, **JuS** 1994, 696 *(Klausur)*

☑ Die Zulässigkeit von Bauvorhaben
📖 Hager, **JuS** 1989 460 *(Grundfälle)*

☑ Kontrolle des Bebauungsplans durch Normenkontrolle
📖 Kahl, **Jura** 1997, 648 *(Klausur)*
📖 Hahn, **JuS** 1983, 678 *(Grundlagenwissen)*
📖 Lorz, **JA** 1991, Ü 77 (gelbe Seiten) *(Klausur)*

☑ Die Baugenehmigung
📖 Sademach, **JA** 2013, 518 *(Fortg.-Klausur)*

📖 Muckel, **JA** 2011, 281 *(Fortg.-Hausarbeit)*
📖 Ingerowski, **JA** 2009, 523 *(Examens-Klausur)*
📖 Guldi, **Jura** 1997, 36 *(Klausur)*
📖 Determann, **Jura** 1995, 602 *(Hausarbeit)*

☑ Der Nachbarschutz im Baurecht
📖 Hübbenet, **Jura** 2004, 207 *(Klausur)*
📖 Förster/Sander, **JuS** 1999, 892 *(Klausur)*
📖 Walther, **JA** 1996, 282 *(Fallbesprechung)*
📖 Selm, **JuS** 1989, 237 *(Fallbesprechung)*
📖 Konrad, **JA** 1997, 505 *(Grundlagenwissen)*
📖 Wahl, **JuS** 1984, 577 *(Grundlagenwissen)*
📖 Muckel, **JA** 1996, 841 *(Grundlagenwissen)*

☑ Die Bauordnungsverfügung (Nutzungsuntersagung/Beseitigung)
📖 Schoch, **Jura** 2005, 178 *(Grundlagen)*
📖 Puhl, **JuS** 1989, 126 *(Klausur)*

☑ Einstweiliger Rechtsschutz im Baurechtsstreit
📖 Zilkens, **JA** 2006, 127 *(Examens-Klausur)*
📖 Debus, **Jura** 2006, 487 *(Grundlagen)*
📖 Sikora, **JA** 2005, 40 *(Klausur zu § 80a VwGO)*
📖 Pechstein, **JuS** 1989, 194 *(Grundlagenwissen)*

 ▶ **Kommunal-/Gemeinderecht**

Skript: Standardfälle Kommunalrecht, ISBN 978-3-86724-066-6

☑ Grundlagen des Kommunalrechts
📖 Schliesky, **JA** 1999, 515 *(Grundlagenwissen)*

☑ Der Grundsatz der Selbstverwaltung, Art 28 GG
📖 Frenz, **JA** 2010, 39 *(Grundlagenwissen)*
📖 Bausback, **JA** 2004, 897 *(Grundlagenwissen)*
📖 Bethge/Rozek, **Jura** 1993, 545 *(Klausur)*

☑ Gemeindeklage gegen Fernstraßenplanung
📖 Aulehner, **JA** 1997, 280 *(Fallbesprechung)*

☑ Die Gemeinde als „atomwaffenfreie Zone"
📖 Bausback, **JA** 2004, 897 *(Grundlagenwissen)*
📖 Theis, **JuS** 1984, 422 *(Grundlagenwissen)*

☑ Das Kommunalverfassungsstreitverfahren
📖 Penker, **JA** 2009, 518 *(Fortgeschrittenen-Klausur)*
📖 Erichsen/Biermann, **Jura** 1997, 157 *(Grundlagenwissen)*
📖 Hellermann, **Jura** 1995, 145 *(Klausur)*
📖 Menzel/Schumacher, **Jura** 1998, 156 *(Klausur)*
📖 Müller, **JuS** 1990, 997 *(Klausur)*

☑ Die kommunale Beschlussfassung
📖 Knödler, **JA** 1993, Ü 181 (Ü 184) (gelbe Seiten) *(Klausur)*

☑ Mitgliedschaftsrechte im Kommunalparlament
📖 Gornig, **JA** 1991, Ü 169 (gelbe Seiten) *(Klausur)*

☑ Befangenheit eines Ratsmitgliedes beim Ratsbeschluss
📖 Wilrich, **JuS** 2003, 587 *(Klausur)*
📖 Oebbecke, **JuS** 1986, 471, 473 *(Klausur)*
📖 Puhl, **JuS** 1989, 126 *(Klausur)*
📖 Molitor, **JA** 1992, 303 *(Grundlagenwissen)*

☑ Die Normenkontrolle gegen eine kommunale Satzung
📖 Lecheler/Determann, **Jura** 1997, 257 *(Hausarbeit)*

☑ Die kommunale Einrichtung
📖 Bader, **Jura** 2009 *(Klausur u.a. zu § 5 PartG)*
📖 Erichsen/Frenz, **Jura** 1996, 213 *(Klausur)*
📖 Leimkühler, **JA** 1997, 765 *(Klausur)*
📖 Kelm, **JA** 1999, 217 *(Klausur)*
📖 Gornig, **JuS** 1992, 857 *(Klausur)*
📖 Erichsen, **Jura** 1986, 148; 196 *(Grundlagenwissen)*
📖 Püttner, **JA** 1984, 121; 274 *(Grundlagenwissen)*

▶ Das ❻ Semester

▸ ZPO I – Erkenntnisverfahren

Skript: ZPO I, ISBN 978-3-86724-126-7
Skript: Basiswissen ZPO (Frage-Antwort), ISBN 978-3-86724-136-6
Skript: Standardfälle ZPO, ISBN 978-3-86724-153-3
MP3-CD: Basiswissen ZPO (Frage-Antwort), ISBN 978-3-86724-091-8

☑ Die Grundsätze des Zivilprozesses
📖 Coester-Waltjen, **Jura** 1998, 661 *(Grundlagenwissen)*

☑ Die Klagearten, die Widerklage, § 33
📖 Schreiber, **Jura** 2009, 754 *(Grundlagen Klagearten)*
📖 Bork, **JA** 1981, 385 *(Grundlagen Widerklage)*

☑ Die Streitgenossen, §§ 59, 60
📖 Coester-Waltjen, **Jura** 1989, 442 *(Grundlagenwissen)*

☑ Die Streitverkündung, § 72
📖 Kittner, **JuS** 1985, 703 *(Grundlagenwissen)*
📖 Schmidt, **JuS** 1986, 319 *(Fallbesprechung)*

☑ Die Prozeßstandschaft
📖 Gottwald, **JuS** 1986, 715 *(Klausur)*

☑ Das Mahnverfahren, §§ 688 ff.
📖 Coester-Waltjen, **Jura** 1991, 660 *(Grundlagenwissen)*

☑ Das Versäumnisverfahren, §§ 330 ff.
📖 Lange, **JA** 1999, 652 (660) *(Klausur)*
📖 Buhlmann, **JA** 1996, 461 *(Klausur)*

 ▶ **ZPO II- Zwangsvollstreckung**

Skript: ZPO II, ISBN 978-3-86724-127-4
Skript: Basiswissen ZPO (Frage-Antwort), ISBN 978-3-86724-136-6
MP3-CD: Basiswissen ZPO (Frage-Antwort), ISBN 978-3-86724-091-8

☑ Die Vollstreckungserinnerung, § 766
📖 Hennemann, **Jura** 2011, 558 *(Klausur)*
📖 Schreiber, **Jura** 2011, 110 *(Grundlagenwissen)*
📖 Koch, **JA** 2011, 749 *(Examens-Klausur)*
📖 Preuß, **Jura** 2003, 181; 540 *(Grundlagenwissen)*
📖 Wetzel, **JuS** 1990, 198, (201) *(Grundfälle)*
📖 Renkl, **JuS** 1981, 588 *(Grundfälle)*
📖 Schreiber, **Jura** 1992, 25 *(Grundfälle)*

☑ Die Vollstreckungsabwehrklage, § 767
📖 Schreiber, **Jura** 2011, 110 *(Grundlagenwissen)*
📖 Wetzel, **JuS** 1990, 469 (470) *(Grundfälle)*
📖 Schreiber, **Jura** 1992, 25 (29) *(Grundfälle)*
📖 Renkl, **JuS** 1981, 666 *(Grundfälle)*

☑ Die Präklusion gemäss § 767 II
📖 Maihold, **JA** 1995, 754 *(Fallbesprechung)*

☑ Die Drittwiderspruchsklage, § 771
📖 Hennemann, **Jura** 2011, 558 *(Klausur)*
📖 Wetzel, **JuS** 1990, 469 (471) *(Grundfälle)*
📖 Schreiber, **Jura** 1992, 25 (31) *(Grundfälle)*€
📖 Renkl, **JuS** 1981, 666 (668) *(Grundfälle)*

☑ Die Klage auf vorzugsweise Befriedigung, § 805
📖 Schreiber, **Jura** 1992, 25 (35) *(Grundfälle)*
📖 Wetzel, **JuS** 1990, 469 (473) *(Grundfälle)*
📖 Renkl, **JuS** 1981, 666 (670) *(Grundfälle)*

☑ Pfändung und Verwertung durch den Gerichtsvollzieher
📖 Zeiss/Holthaus, **Jura** 1996, 281 *(Grundlagenwissen)*

☑ Sicherungseigentum in der Zwangsvollstreckung
📖 Grunsky, **JuS** 1984, 497 *(Grundlagenwissen)*

☑ §§ 739 ZPO, 1362 BGB analog bei nichtehelicher Lebensgemeinschaft?
📖 Hennemann, **Jura** 2011, 558 *(Klausur)*
📖 BGH, **NJW** 2007, 992
📖 Schmidt, **JuS** 1986, 484 *(Fallbesprechung)*

☑ Verwertung einer schuldnerfremden Sache
📖 Musielak, **JuS** 1999, 881 (883) *(Klausur)*

☑ Der Pfändungs- und Überweisungsbeschluss, §§ 829, 835 und der Kontokorrent
📖 Uhlmannsiek, **JA** 1993, 238 *(Grundfälle)*
📖 Schmidt, **JuS** 1981, 846 *(Fallbesprechung)*

 ▶ **Arbeitsrecht**

Skript: Arbeitsrecht, ISBN 978-3-86724-123-6
Skript: Standardfälle Arbeitsrecht, ISBN 978-3-86724-125-0
Skript: Kollektives Arbeitsrecht, ISBN 978-3-86724-124-3
MP3-CD: Basiswissen ArbeitsR (Frage-Antw.), ISBN 978-3-86724-015-4

☑ Klausurtypische Probleme aus dem Arbeitsrecht
📖 Odemer, **JA** 2015, 335 *(Grundlagen)*

☑ Gefahrgeneigte Arbeit bzw. betrieblich veranlasste Tätigkeit
📖 Eufinger, **JA** 2015, 98 *(Klausur)*
📖 Schreiber, **Jura** 2009, 26 *(Grundlagenwissen)*

📖 Schnauder, **JuS** 1995, 594 *(Grundlagenwissen)*
📖 Schöpflin, **JA** 1998, 554 (559) *(Klausur)*

☑ Haftung des Arbeitnehmers gegenüber Dritten analog § 991 II?
📖 BGH **NJW** 1994, 852 (854)*(Grundlagenwissen)*

☑ Die mittelbare Drittwirkung von Grundrechten
📖 Wank, **Jura** 1999, 31 *(Top-Klausur)*
📖 Odendahl, **JA** 1998, 933 (934) *(Fallbesprechung)*

☑ Der arbeitsrechtliche Gleichbehandlungsgrundsatz
📖 Maschmann, **Jura** 1994, 652 (656*) (Klausur)*

☑ Schutz der Beschäftigten vor Benachteiligung nach dem AGG
📖 Stöhr, **JA** 2013, 174 *(Examens-Klausur)*
📖 Ring, **JA** 2008, 1 *(Grundlagen)*
📖 Rupp, **JA** 2009, 335 *(Fortgeschrittenen-Klausur)*

☑ Anfechtbarkeit des Arbeitsverhältnisses, §§ 119 ff. BGB
📖 Löwisch/Kaiser, **Jura** 1998, 360 *(Klausur)*
📖 BAG **NJW** 1983, 2958 *(Grundlagenwissen)*
📖 Witt, **JA** 1994 (2 Teilbände!), 532 *(Fallbesprechung)*

☑ Der Annahmeverzug des Arbeitnehmers
📖 Schwerdtner, **Jura** 1988, 419 *(Grundlagenwissen)*

☑ Leistungsstörungen im Arbeitsrecht
📖 Preis/Hamacher, **Jura** 1998, 11; 116 *(Grundlagenwissen)*

☑ Entgeltfortzahlung nach § 3 Entgeltfortzahlungsgesetz
📖 Preis/Hamacher, **Jura** 1998, 116 *(Grundlagenwissen)*
📖 Pallasch, **JA** 1995, 897 *(Grundlagenwissen)*

☑ Ausschluss von Schadensersatz- und Schmerzensgeld-
   ansprüchen des Arbeitnehmers gemäss § 104 SGB VII
   (früher: §§ 637, 636 RVO)
📖 Weyand **JuS** 2003, 675 *(Klausur)*

☑ Der Betriebsübergang, § 613a BGB
📖 Krause, **JA** 2009, 465 *(Grundlagenwissen)*
📖 Jacobs/Noltin, **JA** 2008, 186 *(Examens-Klausur)*
📖 Dillenburger/Pauly, **JA** 1995, 463 *(Grundlagenwissen)*

☑ Ordentliche Kündigung, Kündigungsschutzgesetz,
   soziale Rechtfertigung, Anhörung des Betriebsrats,
   § 102 BetrVG
📖 Schmidt, **Jura** 2015, 188 *(Klausur)*
📖 Biehl, **JA** 2005, 46 *(Grundlagenwissen KSchutz)*

📖 Wolff/Deinert, **Jura** 1998, 250 *(Klausur)*
📖 Schürmann/Vetter, **JA** 1997, 94 *(Urteilsbesprechung)*
📖 Schöpflin, **JA** 1998, 554 *(Klausur)*
📖 Melms, **JA** 1999, 310 *(Grundlagenwissen)*

☑ Außerordentliche Kündigung, § 626 BGB
📖 Joussen, **Jura** 2011, 154 *(Klausur)*
📖 Wolff/Deinert, **Jura** 1998, 250 (255) *(Klausur)*

☑ Die Verdachtskündigung
📖 Oetker **Jura** 2003, 266 *(Examens-Klausur)*
📖 Schimmel, **JA** 1998, 270 *(Fallbesprechung)*

☑ Die betriebsbedingte Kündigung
📖 Annuß, **JA** 1997, 377 *(Grundlagenwissen)*
📖 Hesse, **JA** 1997, 533 *(Fallbesprechung)*

☑ Das Günstigkeitsprinzip im Arbeitsrecht (Rosinentheorie)
📖 Bittner **Jura** 2003, 560 *(Grundlagenwissen)*

☑ Die Teilzeitarbeit
📖 Latzel/Sausmikat **JA** 2015, 497 *(Klausur ua TzBfG, BEEG)*
📖 Seel **JA** 2011, 608 *(Grundlagenwissen)*
📖 Hamann **Jura** 2003, 73 *(Grundlagenwissen)*

☑ Der Anspruch aus betrieblicher Übung
📖 Mayer, **JA** 1998, 181 *(Fallbesprechung)*

☑ Rechtswidrige Maßnahmen bei Arbeitskämpfen
📖 Käppler, **JuS** 1990, 618 *(Grundlagenwissen)*

▶ **Wertpapierrecht**

☑ 30 Fragen zum Wertpapierrecht
📖 Schwintowski, **JA** 1993, Ü 42; Ü 235 (gelbe Seiten)

☑ Grundfälle zum Wertpapierrecht
📖 Christmann-Schnauder, **JuS** 1991, 36; 117; 208; 380;
566; 824
📖 Schwark, **JA** 1991, Ü 49 (gelbe Seiten) *(Klausur)*

☑ Haftung der Bank bei abhandengekommenen Schecks?
📖 Aden, **NJW** 1994, 413 *(Grundlagenwissen)*

S ▶ Staatshaftungsrecht

Skript: Staatshaftungsrecht, ISBN 978-3-86724-077-2

☑ 10 Fragen zur Amtshaftung und
   Enteignungsentschädigung
📖 Detterbeck, **JA** 1991, Ü 55 (gelbe Seiten)

☑ Grundlagen des Staatshaftungsrechts
📖 Papier/Dengler, **Jura** 1995, 38 *(Klausur)*
📖 Schlick/Rinne, NVwZ 1997, 1065, 1171 *(Grundlagen)*

☑ Die Amtshaftung, § 839 BGB, Art 34 GG
📖 Hebeler, **JA** 2013, 765 *(Fortg.-Klausur)*
📖 Detterbeck, **JuS** 2003, 1003 *(Examens-Klausur)*
📖 Nolte, **JA** 1999, 781 *(Klausur)*
📖 Stangl, **JA** 1996, 753 *(Fallbesprechung)*
📖 Czybulka/Heur, **JA** 1990, Ü 240 (gelbe Seiten) *(Klausur)*
📖 Lorz, **JA** 1991, Ü 77 (Ü 81) (gelbe Seiten) *(Klausur)*
📖 Coester, **Jura** 1995, 368 *(Grundlagenwissen)*
📖 Schoch, **Jura** 1988, 585 *(Grundlagenwissen)*
📖 Wurm, **JA** 1992, 1 *(Grundlagenwissen)*
📖 Czybulka/Heur, **JuS** 1992, 396 *(Grundlagenwissen)*
📖 Detterbeck, **Jura** 1997, 379 *(Klausur)*
📖 Jaroschek, **JA** 1996, 860 (861) *(Klausur)*

☑ Das Verweisungsprivileg, § 839 I 2 BGB
📖 Stangl, **JA** 1995, 572 *(Grundlagenwissen)*

☑ Die Enteignung
📖 Eschenbach, **Jura** 1997, 519 *(Grundlagenwissen)*

☑ Der enteignungsgleiche Eingriff
📖 Schoch, **Jura** 1990, 140 *(Grundfälle)*

☑ Die Aufopferung
📖 Kunig, **Jura** 1992, 554 *(Grundlagenwissen)*
📖 Stangl, **JA** 1998, 479 *(Grundlagenwissen)*

☑ Entschädigung bei Inanspruchnahme aufgrund
   Anscheinsgefahr
📖 Zöller, **JA** 1995, 279 *(Fallbesprechung)*

☑ Die öffentlich-rechtliche GoA
📖 Schoch, **Jura** 1994, 241 *(Grundfälle)*
📖 Oldiges, **JuS** 1989, 616 *(Klausur)*

 ▸ **Europarecht**

Studienbuch: Europarecht, ISBN 978-3-86724-078-9
Skript: Standardfälle Europarecht, ISBN 978-3-86724-064-2
MP3-CD: Basiswissen Europarecht (Fra.-Aw.), ISBN 978-3-86724-090-1

☑ Rückabwicklung formell unionsrechtswidriger Beihilfen
📖 Gurlit, **Jura** 2011, 87 (Grundwissen)

☑ Zum Verfassungsvertrag
📖 Hölscheidt/Putz, **JA** 2004, 262

☑ Grundfreiheiten/Grundrechte/Kartellrecht
📖 Ludwigs/Sikora, **JA** 2016, 514 (Fortg.-Klausur)
📖 Böhm, **JA** 2009, 328 (Grundlagen)
📖 Thiele, **JA** 2005, 621 (Grundlagen)
📖 Ruffert, **Jura** 2005, 258 (Allgemeine Lehren)
📖 Deja, **Jura** 2004, 807 (Allgemeine Lehren)
📖 Kenntner, **JuS** 2004, 22 (Warenverkehr)
📖 Hatje, **Jura** 2003, 160 (Niederlassungsfreiheit)
📖 Ehlers, **Jura** 2001, 266, 482 (Allgemeine Lehren)
📖 Ehlers, **Jura** 2002, 468 (Grundrechte)
📖 Heinemann, **Jura** 2003, 649, 721 (Kartellrecht)

☑ Die Warenverkehrsfreiheit
📖 Dörr, **JA** 2012, 197 (Examens-Klausur)
📖 Odenthal, **JA** 1996, 221 *(Grundlagenwissen)*
📖 Arndt, **JuS** 1994, 469 *(Fallbesprechung)*

☑ Das Rechtsschutzsystem
📖 Hamer, **JA** 2003, 666 *(Grundlagenwissen)*
📖 Röhl, **Jura** 2003, 830 *(Grundlagenwissen)*
📖 König, **JuS** 2003, 257 *(Grundlagenwissen)*

☑ Die Staatshaftung
📖 Kling, **Jura** 2005, 298 *(Grundlagenwissen)*
📖 Held/Wegener, **Jura** 2004, 479 *(Grundlagenwissen)*
📖 Fischer, **JA** 2000, 348 *(Grundlagenwissen)*
📖 Streinz, **Jura** 1995, 6 *(Grundlagenwissen)*

Für dieses Buch haben uns **Fundstellen-Tipps** geschickt:

Swen Aust, Frankfurt/Main,
Raik Brete, Hannover,
Jan Eike Busse, Osnabrück,
Daniel Feilmeier, München,
Nadine Forster, Marburg
Alexandra Haase, Göttingen,
Jan-Gero Alexander Hannemann, Regensburg,
Matthias Heimlich, Tübingen,
Anke Hildebrand, München,
Daniel Hoffmann, FU Berlin,
Sven Jansen, Marburg,
Melanie Karim, Bochum,
Konstantin Kawerau, Passau,
Alexander Koch, Bonn,
Armin Kockel, Hannover,
Barbara König, Bayreuth,
David Liebermann, Köln,
Christian Lübke, Göttingen,
Martin Metzler, Passau
Julia Neumann, Leipzig
Markus Oswald, Dresden,
Philipp Reinhold, Kiel
Thomas Sagstetter, Regensburg,
Sonja Schäfer, Gießen,
Benjamin Schnäbelin, Köln,
Malek Shaladi, Bochum,
Taoufik Skandrani, Konstanz,
Lorenz Strasburger, Bremen,
Marlene Wagner, Leipzig
Alexander Wahsner, FU Berlin,
Sascha Weißgerber, Bonn,
Markus Winnacker, Bochum.

Im Namen aller Leser, die von euren Hinweisen profitieren,
sage ich ganz herzlichen Dank.

124

▶ Unsere 📖 Skripten 📇 Karteikarten 🎵 Hörbücher (CD & MP3)

Zivilrecht

- 📖 Standardfälle für Anfänger (7,90 €)
- 📖 🎵 Standardfälle BGB AT (7,90 €)
- 📖 🎵 Standardfälle Schuldrecht (7,90 €)
- 📖 🎵 Standardfälle Ges. Schuldverh., §§ 677, 812,823
- 📖 🎵 Standardfälle Sachenrecht (9,90 €)
- 📖 🎵 Standardfälle Familien- und Erbrecht (9,90 €)
- 📖 Klausuren Übung für Fortgeschrittene (7,90 €)
- 📖 🎵 Basiswissen BGB (AT) (Frage-Antwort)
- 📖 🎵 Basiswissen SchuldR (AT) 📖 🎵 SchuldR (BT) (7 €)
- 📖 🎵 Basiswissen Sachenrecht, 📖 🎵 FamR, 📖 🎵 ErbR
- 📖 Einführung in das Bürgerliche Recht (7,90 €)
- 📖 Studienbuch BGB (AT) (12 €)
- 📖 Studienbuch Schuldrecht (AT) (12 €)
- 📖 Schuldrecht (BT) 1 - §§ 437, 536, 634, 670 ff. (9,90 €)
- 📖 Schuldrecht (BT) 2 - §§ 812, 823, 765 ff. (9,90 €)
- 📖 SachenR 1 – Bewegl. S., 📖 SachenR 2 – Unb. S. (9,9 €)
- 📖 Familienrecht und 📖 Erbrecht (Einführungen) (9,90 €)
- 📖 Streitfragen Schuldrecht (7,90 €)
- 📖 🎵 Definitionen für die Zivilrechtsklausur (9,90 €)

Strafrecht

- 📖 🎵 Standardfälle für Anfänger Band 1 (9,90 €)
- 📖 Standardfälle für Anfänger Band 2 (7,90 €)
- 📖 Standardfälle für Fortgeschrittene (12 €)
- 📖 🎵 Basiswissen Strafrecht (AT) (Frage-Antwort)
- 📖 🎵 Basiswissen Strafrecht BT 1 und 📖 🎵 BT 2 (7 €)
- 📖 Strafrecht (AT) (7,90 €)
- 📖 Strafrecht (BT) 1 – Vermögensdelikte (9,90 €)
- 📖 Strafrecht (BT) 2 – Nichtvermögensdelikte (9,90 €)
- 📖 🎵 Definitionen für die Strafrechtsklausur (7,90 €)

Irrtümer und Änderungen vorbehalten!

Öffentliches Recht

- 📖 Standardfälle Staatsrecht I – StaatsorgaR (9,90 €)
- 📖 Standardfälle Staatsrecht II – Grundrechte (9,90 €)
- 📖 🎵 Standardfälle f. Anfänger (StaatsorgaR u. GRe) (7,9 €)
- 📖 Standardfälle Verwaltungsrecht (AT) (9,90 €)
- 📖 Standardfälle Polizei- und Ordnungsrecht (9,90 €)
- 📖 Standardfälle Baurecht (9,90 €)
- 📖 Standardfälle Europarecht (9,90 €)
- 📖 Standardfälle Kommunalrecht (9,90 €)
- 📖 🎵 Basiswissen StaatsR I –StaatsorgaR (Fr-Antw.) (7 €)
- 📖 🎵 Basiswissen StaatsR II –GrundR (Frage-Antw.) (7 €)
- 📖 Basiswissen VerwaltungsR AT– (Frage-Antwort) (7 €)
- 📖 Studienbuch Staatsorganisationsrecht (9,90 €)
- 📖 Studienbuch Grundrechte (9,90 €)
- 📖 Studienbuch Verwaltungsrecht AT (12 €)
- 📖 Studienbuch Europarecht (12,90 €) 🎵 Basiswissen EuR
- 📖 Studienbuch Wirtschaftsvölkerrecht (12,90 €)
- 📖 Staatshaftungsrecht (9,90 €)
- 📖 VerwaltungsR AT 1 – VwVfG u. 📖 AT 2–VwGO (7,90 €)
- 📖 VerwaltungsR BT 1 – POR (9,90 €)
- 📖 VerwaltungsR BT 2 – BauR 📖 BT 3 – UmweltR (9,90 €)
- 📖 🎵 Definitionen Öffentliches Recht (9,90 €)

Steuerrecht

- 📖 Abgabenordnung (AO) (9,90 €)
- 📖 Erbschaftsteuerrecht (9,90 €)
- 📖 Steuerstrafrecht/Verfahren/Steuerhaftung (7,90 €)

Sozialrecht

- 📖 Kinder- und Jugendhilferecht (7,90 €)
- 📖 Sozialrecht (9,90 €)

Nebengebiete

- 📖 🎵 Standardfälle Handels- & GesR (9,90 €)
- 📖 🎵 Standardfälle Arbeitsrecht (9,90 €)
- 📖 Standardfälle ZPO (9,90 €)
- 📖 🎵 Basiswissen HandelsR (Frage-Antwort) (7,9 €)
- 📖 🎵 Basiswissen Gesellschaftsrecht (7,90 €)
- 📖 🎵 Basiswissen ZPO (Frage-Antwort) (7,90 €)
- 📖 🎵 Basiswissen StPO (Frage-Antwort) (7,90 €)
- 📖 Handelsrecht (9,90 €)
- 📖 Gesellschaftsrecht (9,90 €)
- 📖 Arbeitsrecht (9,90 €)
- 📖 Kollektives Arbeitsrecht (9,90 €)
- 📖 ZPO I – Erkenntnisverfahren (9,90 €)
- 📖 ZPO II – Zwangsvollstreckung (9,90 €)
- 📖 Strafprozessordnung – StPO (9,90 €)
- 📖 Einf. Internationales Privatrecht - IPR (9,90 €)
- 📖 Standardfälle IPR (9,90 €)
- 📖 Insolvenzrecht (9,90 €)
- 📖 Gewerbl. Rechtsschutz/Urheberrecht (9,90 €)
- 📖 Wettbewerbsrecht (9,90 €)
- 📖 Ratgeber 500 Spezial-Tipps für Juristen (12 €)
- 📖 Mediation (7,90 €)
- 📖 Sportrecht (9,90 €)

Karteikarten (je 9,90 €)

- 📇 Zivilrecht: BGB AT/SchuldR/Grundlagen/Schemata
- 📇 Strafrecht: AT/BT-1/BT-2/Streitfragen
- 📇 Öff. R.: StaatsorgaR/GrundR/VerwR/Schemata

Assessorexamen

- 📖 Der Aktenvortrag im Strafrecht (7,90 €)
- 📖 Der Aktenvortrag im Zivilrecht (7,90 €)
- 📖 Der Aktenvortrag im Öffentlichen Recht (7,90 €)
- 📖 Staatsanwaltl. Sitzungsdienst & Plädoyer (9,90 €)
- 📖 Die strafrechtliche Assessorklausur (7,90 €)
- 📖 Die Assessorklausur VerwR Bd. 1 (7,90 €)
- 📖 Die Assessorklausur VerwR Bd. 2 (7,90 €)
- 📖 Vertragsgestaltung in der Anwaltsstation (7 €)

Irrtümer und Änderungen vorbehalten!

BWL

- 📖 Einführung i. die Betriebswirtschaftslehre (7,90 €)
- 📖 Organisationsgestaltung & -entwickl. (7,90 €)
- 📖 Fallstudien Organisationsgestaltung & -entwickl.
- 📖 Internationales Management (7 €)
- 📖 Wie gelingt meine wiss. Abschlussarbeit? (7 €)
- 📖 Medienwirtschaft für Mediengestalter (14,90 €)

Irrtümer und Änderungen vorbehalten!

Schemata

- 📖 Die wichtigsten Schemata-ZivR,StrafR,ÖR (14,90)
- 📖 Die wichtigsten Schemata–Nebengebiete (9,90 €)

🎵 bedeutet: auch als **Hörbuch** (CD oder MP3-Download) lieferbar!

Bei **niederle-media.de** bestellte Artikel treffen idR *nach 1-2 Werktagen* ein!